大夏书系·名校教育探索

润泽生命静无声

广西北海中学和谐教育的实践探索

苫佑文　曾承炜　杨迅　等　著

华东师范大学出版社

目　录

推荐序

本书是广西北海中小学名校长培养"领航工程"项目的系列研究成果之一。该项目是广西北海市教育局委托北京教育学院设计并组织实施的中小学、幼儿园名校长、名园长培养项目,培训时间为期两年半(2014年10月—2017年3月),培训对象为北海市19位优秀中小学校长和幼儿园园长,项目设立了幼儿园、小学、初中、高中四个工作室,项目活动包括总项目集体活动和各工作室分头活动两种类型,培训活动以现场诊断调研、理论学习、个案分析、交流研讨、课题研究等多种学习方式以各种形式在北海、北京两地交替进行。

"领航工程"是北京教育学院承接的第一个中小学名校长培养的高端、长期委托培训项目,学院为本项目配备了高水准的培训团队,各个工作室分别配备了学术导师和实践导师。学术导师由北京教育学院资深教授担任,实践导师由北京市知名幼儿园园长和中小学校长担任。项目负责人为李雯教授,北京教育学院原党委书记马宪平教授担任项目的总顾问。

"领航工程"的整体目标是通过为期两年半的多种学习方式,重点培养具有先进教育理念、独特办学实践、鲜明办学风格、突出管理绩效的高素质、示范型的优秀中小学校长、幼儿园园长,促进校长、园长所在学校、幼儿园办学实践创新和质量提升,进而打造北海市教育系统的标杆学校和幼儿园,促进北海市基础教育的变革与发展。具体体现在三个方面:一是深化校长、园长对于教育和办学实践的理性认识;二是解决当前办学实践中的核心问题;三是提炼校长、园长的办学思想,发展学校、幼儿园的办学特色。

　　基于长期培训实践探索中对名校长、名园长及其成长规律的基本理解，在项目启动之前，北京教育学院项目组确定了北海名校长培养"领航工程"的基本定位，主要包括以下五个方面：其一要深刻了解校长、园长任职以来的办学实践历程和个人专业素养特点，基于他们专业发展的现实状况和发展起点来开展研修；其二要针对校长、园长的核心岗位职责和关键专业能力进行系统的理论和实践学习，提升他们的理性认识、丰富办学经验；其三要指导校长、园长细致梳理和深入研究自己办学实践中的核心问题，提炼办学思考，在深入研究中提升他们的专业水准；其四要引导校长、园长关注和研究教育家型校长、园长群体的成长历程、专业素养和办学特点，明确自己专业发展的路径和策略；其五要指导校长、园长把培训所学和课题研究应用到自己学校、幼儿园的办学实践，在实践中开展研究，在研究中推进实践发展。此次出版的培训项目成果正是这种基本定位及其实践落实的重要体现。

　　两年半的研修过程一路探索、一路艰辛，也一路收获。本项目的系列研修成果包括四本著作：《寻找教育的秘钥——好学校是如何成长的》《修炼领导力——优秀校长的成长手记》《润泽生命静无声——广西北海中学和谐教育的实践探索》和《我在三所学校的办学之旅》。其中前两本是参加"领航工程"项目的19位校长、园长的集体研究著作；第三本是"领航工程"项目学员北海中学的校长苫佑文、书记曾承炜、副校长杨迅的合作研究著作；第四本是北海三中原任校长、北海外国语实验学校现任校长杨惠萍的个人研究著作。

　　本书是学校办学实践个案研究成果，呈现了一所具有厚重历史积淀和优良办学传统的学校在新的历史时期的创新实践和跨越发展。北海中学始建于1926年，有着91年厚重而又丰富的办学历史。2002年北海中学提出了和谐教育的办学思想，并在其后的实践中不断丰富和发展，形成了完善的和谐教育办学思想体系，现在北海中学已经成为北海市乃至广西壮族自治区办学特色突出、质量一流的标杆学校。现任校长苫佑文是北海人，1984年他从广西师范大学毕业后就在北海中学工作，2005年开始担任北海中学的校长，33年的任教体验和12年的校长经历使他个人的教育生涯和北海中学和谐教育的探索历程有机地融合在一起。在参加"领航工程"项目的过程中，苦校长带领全校干部和教师代表对北海中学和谐教育思想的萌芽、产生和发展的过程及和谐教育思想在学校的组织机构、制度建设、教学、教师队伍建设等诸多方面的融入和表现进行了系统深入的研究。

书中的有些梳理和思考尚显稚嫩，但是却呈现了一所学校办学实践历程的本真状态和鲜活思考。这些"不完美却真实、接地气"的研究成果对于中小学校长办学实践的改进有一定的参考价值。本书由"领航工程"项目负责人李雯教授指导、编辑和统稿。由于水平有限、时间紧张，书中的错误和疏漏在所难免，恳请广大读者批评指正。

李 雯

2017 年 10 月于北京

前　言

　　清末民初，废黜科举，北海始创新学……从1926年春建校至今，北海中学已走过91个年头。伴着北部湾的涛声，穿越近百年的岁月，一代代的北中人，青蓝相继，薪火传承，他们秉持"诚、毅、勤、朴"的庄严校训，担负着播撒真知、树德育才的历史使命，用知识浇灌学生的心智，用人格陶冶学生的心灵。他们筚路蓝缕上下求索，励精图治开拓进取，铸就了北海中学辉煌的昨天。

　　进入21世纪，北海中学提炼并发展了"和谐教育"的办学理念，树立了"追求卓越、敢为人先"的北中精神，形成了"和谐、开放、创新"的办学特色，用坚定执着的奋进精神，将生命植根于教育的土壤；北中人穿越历史的风雨，紧扣时代的脉搏，积极追求，锐意进取，不断创造着北海中学的教育奇迹。

　　昨天的辉煌属于过去，未来的奇迹仍待创造。

　　为了对北海中学91年的历史进行全面而系统的总结，特别是对十余年来"和谐教育"的实践探索作出深刻的总结与反思，我们组织教师（黎敬锋、阳云、邓胤、杨迅、黄名杰、刘国娇、唐丽燕、洪文锋、苏仍远、刘冰、莫成则、吴玉娟、陆国苑、肖生莉、莫传莉、姚玲）编撰了《润泽生命静无声——广西北海中学和谐教育的实践探索》一书：通过对学校发展历史的回顾，探寻和谐教育之源；通过学校组织机构的变革，审视和谐教育平台的构建；通过学校多年的制度改革，探究和谐教育理念的创新；通过学校多元课程的构建，探求和谐教育的特性；通过学校科学施教的探索，研究和谐教育的深度发展；通过学校特色德育的建设，思索学生和谐个性的张扬；通过专业师资的打造，达成和谐教育的落实；通过各方资源的融合，研究全民推进和谐教育的路径。

碧海涌动春潮起，润泽生命静无声。在"和谐教育"理念的指引下，北海中学必将励精图治，奋发进取，传承丰厚的文化积淀，开创更加光辉灿烂的明天！

第一章

北海中学和谐教育的发展历程

第一节　学校发展的历史回顾

一、学校发展的历史变迁

广西北海中学始建于 1926 年，由地方乡绅集资创办，初名合浦县立中学。原校址设于千年古郡合浦县城内，当年招收初中一年级两个班（含一个预备班），由县政府委派中山大学毕业的岑福祥为第一任校长。1929 年 3 月—1951 年 2 月，更名为合浦县立第一中学，又称北海县立一中（1942 年秋至 1946 年夏曾更名为县立一中"北海分校"，隶属合浦县）；1951 年 3 月，更名为北海市中学，兼并私立新民中学，隶属北海市；1952 年 9 月，更名为广西北海中学（广西代管时期），属省立重点中学；1955 年 6 月，因北海回归广东，更名为广东北海中学；1966 年 1 月，北海划归广西壮族自治区，更名为广西北海中学；1966 年 9 月起，正式更名为北海市北海中学。

日月经天，江河行地，北海中学走过了 91 年的发展历程，91 年在漫长的历史长河中只是一朵稍瞬即逝的浪花，却足以成为几代人心中永远挥不去的记忆。悠悠九秩，岁月如歌，91 年的历史积淀和传承发展成就了今天的北海中学，北海中学就这样从单纯变为丰富，从稚嫩走向成熟；从单薄变为厚重，从平淡走向辉煌。

（一）历史的奠基（1926—1949）

清末民初，废黜科举，北海始创新学，地方乡绅苦于子弟远道就学，萌生集资筹建中学之意。于是，1926 年春，地处桂南的千年古郡合浦县城内，一座静谧、安详的校园拔地而起，占地 13500 平方米，给这座风雨飘摇的土城增添了几分清新与诗意，尽管只有简陋至极的瓦顶篱笆墙的两间教室，尽管只有区区 50 余名学生。

时任国民革命军第十九军军长的陈铭枢，在地方乡绅的支持下，热心乡梓教育。于是，1927 年，一个丹桂飘香的季节，一座中西合璧的两层楼宇——图书馆伫立于校园内。如今通过这座饱经风雨、斑驳陆离的图书馆，我们依稀可以想象这里书声琅琅、其笑晏晏的场景。全县俊杰，学于斯，长于斯，激扬文字，指点江山。

20世纪30年代中后期，日寇全面侵华，命运多舛的县中在飞机轰炸中四易校址，游离失所，但莘莘学子从未放弃过心中的信念，勤学不辍；县中继而遭遇当局的"奴化"教育，压制大石屯分校的抗日救国宣传，开除学生领袖多人。黑云压城城欲摧，而革命的火种就在漫漫长夜悄悄点燃。学校的中共党支部秘密成立，合浦县工委领导陈任生、韩瑶初、赵世尧等到校工作，冯道先、谢玉岗等成为斗争的中坚力量。可以说，一部县中的抗日斗争史就是北海市的抗日斗争史。

抗战胜利后，学校回迁北海，一切步入正轨，内战的硝烟却又点燃；解放前夕，校舍被国民党残部强占，校舍之凋敝、破败不忍目睹。与此同时，校园革命斗争却以"野火烧不尽，春风吹又生"的顽强态势蓬勃发展起来，一直持续到迎来全面胜利的那一天。

（二）发展的萌芽（1950—1976）

1949年12月，北海解放，合浦县立第一中学更名为"北海市中学"（以下简称"北中"），韩瑶初、彭景超分别任正、副校长，全校14个班的700多学生全部返校，整理校容，正式上课。学校开设了除公民、军训之外的所有课程，其后市私立新民中学并入，规模扩展，校园面积达56000多平方米。全校师生欢天喜地，以焕然一新的面貌快步迎接新中国的诞生、新北海的诞生。

新中国成立初期，北中办学条件还很艰苦，学校继续借用延安《抗日军政大学校歌》作为校歌，激励师生斗志。师生们除了上课，还自印小报，排练秧歌舞、话剧，上街演讲宣传、征粮、义卖、写标语，组织流动图书供给市民阅读。每天晨曦初露，街头巷尾就传来北中晨呼队的歌声和口号声；夜晚降临，师生们点着煤油灯看书，校园里一片万家灯火的景象。此时从上海调来的黄半文副校长已开始组织全体教师学习苏联凯洛夫的《教育学》、普希金的《普希金教授教育学演讲录》等著作，全面开展教学改革，设立学科教研组，实行集体备课制度。1952年实行高考报考制度，北中20多位毕业生自筹旅费，自带铺盖，到南宁、广州投考，80%被华南师院、华中师院、上海体院等录取。此时，北海市第一个共青团支部在北中建立，这说明在新的时期北中已开始在人们心中扎根，成为一种高雅品位的定格、文化精神的象征。

20世纪50年代中期至60年代初期，北中属广东省管辖，当时的陈增忠校长以"坚决革命、勤奋学习、艰苦劳动、自觉守纪"为校风，强调德、智、体、美、劳全面发展，学生自理能力增强，校纪肃然，教育质量过硬，学生素质普遍很好，在社会实践中涌现出了一大批英雄模范人物和高层次的科技人才及军政干部。作为全省屈指可数的重点中学，此时已涌现出一大批赫赫有名的优秀教师，庞亮、冯祖毅、劳以英、吴廷贯、劳波禧、陈婉芬、陈明琇、范均等，他们笃志教育、心系学校、艰苦奋斗、无私奉献，用心浇灌学生的心智，用人格陶冶学生的心灵，汇八桂文化，扬杏坛佳话。

1966年"文化大革命"开始，学校教学受到冲击，工作组进校发动学生写大字报，次年更是停课闹革命，大量图书被抢，档案被毁，校产遭受破坏。那时，"学军、学工、学农""批林批孔"就是学生的主要课程，基础课程全部废除，"又红又专"成为理想"追求"。前后整整十年，知识贬值，文明缺失，不仅学校教育教学乱了章法，北中师生心灵上的创伤更是难以言述，造成了对整整一代人的贻误、伤害。

（三）体制的调整（1977—1984）

1976年底粉碎"四人帮"。1977年恢复高考制度，北中师生心中重新燃起希望之火；拨乱反正，更是解除了教师们的精神枷锁，他们得以轻装上阵搞教学。许多教师自己编印教材，誊刻复习资料，辅导学生基础知识，新生的北中在时代精神的鼓舞下，满怀豪情，锐意改革，积极进取，长风破浪，北中被确定为北海市重点中学。

十一届三中全会后，在"文化大革命"中被迫害的教师陆续得以平反昭雪，一大批中青年教师被任用到行政、教学等重要岗位。在新形势下，学校把校风修改为"善教苦学、尊师爱生、守纪有礼、砺志育才"，努力推进"大单元教学""六课型试验"等新式教学法，取得了显著的成效。

（四）实力的蓄积（1984—1997）

这一阶段由吴绍淞任北中的校长。学校发展主题为"质量是生命线，发展是硬道理"。 1984年，北中被确定为自治区重点中学，学校进一步改革课时制度，努力提高课堂效率，着意培养学生自学能力，积极开展第二课堂活动，升学率稳步前进。当时高等教育基本上是精英教育，高考录取人数偏少，尚未突破百人大关，但已为20世纪90年代末期的突飞猛进奠定了良好基础。

这期间学校实现了"办学成绩在北海市领先，极大提升在全区重点中学中的影响力"的发展目标。

（五）跨越式发展（1998至今）

进入20世纪90年代后期，北中得到了长足的发展，大致可以概括为三个阶段。

第一阶段为1998年至2000年。叶翠微任校长，国家对教育前所未有地重视，学校将发展主题定为"加速教育现代化进程，全面实施素质教育"，这期间逐步形成了以科学的现代教育思想为指导，既适合学生个体发展又适应社会整体发展态势并具时代前瞻性的办学模式，形成了较为完善、成熟的素质教育体系，《人民日报》（国庆版）、《广西教育报》先后报道了北中的素质教育经验和成绩，时任全国人大常委会副委员长的王光英视察北中时，欣然为学校题词"南珠光世，名校生辉"，成为北中无上的光荣。

第二阶段为2001年至2013年。熊经斌、苦佑文先后任校长，学校发展主题为"一切为了学生的和谐发展，一切为了社会的文明进步"，倡导"和谐教育"，发展目标为"广西一流、全国示范"。这期间，北中办学质量年年上新台阶，高考成绩逐年攀升，本科上线人数突破千人大关；师生创新作品也屡获佳绩，"三大节"、通宵晚会更成为学生展示才华、弘扬个性的绝好舞台。优异的办学业绩已引起了全社会的普遍关注。

第三阶段为 2013 年至今。苫佑文继续担任校长，2013 年 8 月 30 日学校整体搬迁至新校区，占地面积 420 亩的新校园大气而不失雅致，人文与自然相映成趣，为学生的身心健康发展提供了更为广阔的天地。四年多来，学校以搬迁为契机，进一步丰富和深化"和谐教育"的办学内涵，彰显"和谐、开放、创新"的办学特色，大力推进"教学质量提升工程、德育素质提升工程、名师培养工程、创新人才培养工程"等的建设力度，致力于探索科学、规范、全面的学校管理体系，办学综合实力得到全面提升，赢得了社会的普遍赞誉。

如今，北中已经有近百名学生相继叩响清华、北大的门环，数以万计的学子考入全国一流大学，一批又一批的奥赛选手摘桂凯旋，学校英才辈出，桃李芬芳。他们苦练本领，砥砺品行，以铸黄钟大吕，造福桑梓，报效祖国。

如今，北中师资力量雄厚，人才济济，从五湖四海走到一起的教师们才华横溢，志存高远，彼此交流，互相协作，携手奋进，智慧的火花在碰撞中产生，不同地域的先进文化在融汇中被发扬光大，充分显示了学校的大气和开放。

如今，北中已成为广西壮族自治区首批示范性高中和整体改革试点学校、自治区装备示范学校、自治区中学计算机网络建设试验学校、全国现代教育技术实验学校、国家教育部表彰的全国传统体育项目先进学校、第一批全国心理健康教育特色学校、广西中小学创造发明示范学校、广西华文教育基地、广西唯一入选国家教育部中美青年友好交流项目学校等。北中就像一颗璀璨的明珠，在北部湾畔熠熠生辉。

如今，北中人正用自己智慧的眼睛、敏锐的耳朵和一颗对教育教学的赤诚之心，营造着"立足和谐、追求卓越"的育人氛围，正以自己积极追求、锐意进取的姿态推动着学校永葆青春，激流奋进。桃李飞花，硕果满枝。多年的努力和拼搏，使这所古老的现代名校正以自己独到、迷人的办学品位长久伫立在世人心中。

二、历史积累的传统与特色

对于北中这样一所走过了91年峥嵘岁月的名校来说，昔日的艰辛和苦楚皆付笑谈，曾经的荣耀和辉煌也都成往事，然而"县中"学子的匆匆步履、师辈们的儒雅风度仍宛然可感。当初创学时经世致用、革故鼎新的雄心、育化万民、富国兴邦的壮志，以及那一番继往开来的梦想在穿越了风云变幻之后依然熠熠生辉，一如既往地激励着北中人秉承前贤风范，成为他们生命中永恒的追求。

（一）爱国救国、红色革命的传统一直一脉相承

可以自豪地说，一部县中的抗日斗争史就是北海市的抗日斗争史。北海市第一个共青团支部也是在北中建立，新中国成立后的北中更是成为北海高雅品位的定格，文化精神的象征。

许多师生、老校友，如赵世尧、何家英、韩瑶初、冯道先、谢王岗和卢传义、冯守模、姚克鲁等的故事，几乎就是北中乃至北海市的抗日斗争史。正如北中校歌中所唱到的那样"庄严的礼堂曾回荡着抗日的战歌，肃穆的读书楼曾播下革命的火种，爱国的传统在斗争中铸成，刻苦的学风一代代传诵"，红色革命成为北中的办学传统及特色。

1937年"卢沟桥事变"后，中国进入全面抗战。北中（时为合浦县立第一中学，下同）成为北海抗日救亡运动的集结部，中共合浦地下党组织在学校建立了党支部，以指导师生的抗日爱国运动。

日本侵略者在加紧对北海进行侵袭的同时，也加强了对北中的空袭。有一次日寇轰炸机竟然向北中接连投掷了12枚重磅炸弹，致使北中礼堂周围的校舍和民房被炸毁。在这样的危急情形之下，合浦当局决定将北中实行迁址办学。1939年2月，北中本部及高中部迁到合浦县城西郊的总江口大石屯乡。1939年3月，北中初中部和廉州中学迁到浦北小江长塘山（时属合

浦县辖）。

当时办学的条件和环境非常艰苦。周边没有可供作教室和办公用的房子，只有一间韩氏祠堂可借用作教室，而学校办公的房舍都是用篱笆、竹子、瓦搭起的临时教室。迁到大石屯的当月，就成立了合浦青年抗日先锋总队北中支队。1939 年 11 月，以北中学生为主体，成立了北海青年学生武装队，时称"合浦县第五区抗日自卫团第一支队"。

1939 年底，合浦成立了"合浦战地服务团"，共有 70 多名成员，其中北中共有 40 多人参加，到了后期，"合浦战地服务团"的成员全部都是北中学生。"合浦战地服务团"进行严格的军事训练，开展军事化的学习生活，团员们从中经受了锻炼，不少人后来成为抗日武装力量的骨干，参加了中国共产党，其中的杰出者还成为中共合浦地下党组织的领导人或军事负责人。除此之外，大部分的学生还参加了抗日先锋队、抗日救亡宣传队、抗敌后援会等抗日组织，深入到周边的乡村宣传抗日救亡的道理，大力发动群众积极募捐战时物资，支援抗战前线；还将募捐到的衣被运送到前线慰劳将士，到营地与士兵们联欢，大大鼓舞了士气。

长塘山分校建立后不久，北中师生就成立了抗日宣传队，深入到圩镇村场宣传抗日救国思想。接着，又成立了合浦抗日先锋队和救亡工作队，深入到群众中发动和组织抗日武装力量。为了适应敌后抗日武装斗争的需要，长塘山分校还准备成立一支青年游击队，开展军事训练，随时准备奔赴抗日前线。为了加强党对长塘山分校的领导，中共合浦县委委员陈任生、韩瑶初以及谢王岗等 8 名地下党员于 1938 年 11 月间成立长塘山分校支部，谢王岗任支部书记。从 1938 年冬到翌年春，在长塘山，学生们每天慷慨激昂地咏唱《在太行山上》这样的革命歌曲。担任党支部书记的谢王岗和同事们忙得不亦乐乎：组织抗日宣传队，演出抗日话剧，出墙报、开座谈会，油印进步刊物，到各圩各寨巡回宣传革命思想。长塘山分校的党员们还用油印翻印了毛泽东在中共六届六中全会中的报告《论新阶段》，并组织讲授和讨论，在广大学生中引起了很大反响，很多人称他们为"南方的抗大"。这一切引起了合浦国民党当局的注意，学校被扣上"赤化"的帽子。在谢王岗等革命志士的带领下，学生们再度发起了反对镇压抗日学生的反动校长杨超兰的大规模斗争，通过写文章、发传单向社会披露他们的罪行。尽管最终学校被强制解散，但长塘山革命的火种燃烧起来，这批优秀的学生干部、共产党员在更广泛的空间里继续着革命斗争。

同样值得铭记于心的是将革命的火种带到合浦县第一中学的共产党员冯道先，还有第一批共产党员利培源、张家保、岑家毅、苏少婉、蔡道坤、张启泰、陈广才等烈士，他们在对敌斗争中不幸为国捐躯。"为有牺牲多壮志，敢教日月换新天"，正是在先辈前贤们的精神感召下，越来越多的北中学子们义无反顾投身革命，才迎来了今天的幸福时光。

北中的师生们虽然身处艰险困境之中，但仍然以抗日救国为己任，积极参加抗日救亡活动，经受了血与火的洗礼。同学们用青春热血和报国忠诚在北海的抗战史上谱写的红色篇章，永远也不会在岁月的流逝中褪色。从那时起，爱国的传统、红色革命的血脉，就传承下来，绵绵不绝。

（二）追求卓越、敢为人先的价值取向一直贯穿始终

北中的精神是"追求卓越、敢为人先"，尽管这个提法是在20世纪90年代后期才提炼出来的，但是往前追溯，似乎由来已久，"追求卓越"是北中一贯的目标和方向，这体现在"敢为人先"的基础上，以开拓者、践行者的执着，突破前人未曾涉足的区域，寻找不断变革和发展的卓越之路。这种精力和魄力是带领北中师生不断创造辉煌的原动力。这种精神是给予每一位北中人的一笔宝贵财富，一笔由知识、品格和信念构筑的精神财富。这么多年来，北中着实做了不少堪称第一的创举。

1. 通宵狂欢晚会。

2000年元旦，千禧年跨年通宵狂欢晚会，一直是学生脑海中最深刻的记忆，甚至成为当时的学生向大学同学炫耀的"资本"。考虑到学生的安全问题，学校领导及老师们大都不赞成通宵狂欢，建议只举办庆祝晚会即可。但时任校长叶翠微认为，这种浅尝辄止的做法远不能让学生尽情施展自己的才情，于是他果断决定：举办通宵晚会！给学生以充分的自由、充足的空

间，让他们尽情发挥。那晚，各门才艺，各路叫卖，各色美食，各种跳蚤市场，真是热闹非凡，空气中都弥漫着青春的气息和芳华。几年下来，"通宵狂欢晚会"成了学生最向往的节日，这一节目也作为北中的传统节目被保留下来，一直延续到今天。

2. 研究生课程进修班学习。

1998 年，叶翠微校长力主在北中开办研究生课程进修班，这是广西首创。当时把广西师大教育学部的教授们请到学校，利用节假日和寒暑假统一授课。北中教师系统学习了教育哲学、现代教育技术、教育研究方法等课程，极大开阔了视野，提升了业务水平、专业素养。虽然这个班没有学历，也没有学位，但在那个教育刚刚蓄势待发、逐渐加速的时代，它的意义在于，让北中教师率先站上了时代的制高点，有了更值得憧憬的职业前景。那个时代，每位教师都为自己工作在北中而自豪。

3. 心理咨询师培训。

2011 年 11 月起，心理咨询师国家职业资格培训班在北中隆重开班。培训班利用教师的休息时间上课，开设了普通心理、社会心理、健康心理、心理诊断、常见异常心理症状与精神障碍等十多门课程。北中 60 多名教师参加了培训。在广西，像这样在学校教师中开设心理咨询师国家职业资格培训班尚属首次。对于参加培训的教师，学校在各方面给予支持。只要参训教师能顺利考取国家心理咨询师资格证书，所有学费、报考费、差旅费等给予报销。对于没能考取资格证书的教师，学校也会报销一半的学费和所有的实习、差旅费。而不管日后是否考取证书，系统的学习对将来的班主任工作和教学工作都将是一笔财富。

至今，北中已先后有 28 名教师通过了国家咨询师资格考试，成为心理咨询师。这一批心理咨询师在班主任、科任教师的岗位上，利用所学知识，对学生进行心理辅导，这让他们在从事教育教学工作时更加得心应手。

4. 创新人才培养模式探索。

从 2013 年秋季学期开始，北中面向初中学生通过自主招生考试录取30 ~ 50 名学生组成创新人才培养班。对于创新人才培养，学校实施的是"小班教学，特色课程，导师相伴"的高平台培养策略，以最大限度地提高学生的沟通、合作、思辨及分析、解决问题的能力，把品德高尚、意志坚定、身心健康、学业优异，具有中国特质、国际视野的精英人才作为培养目标。以培养一支"志趣高雅、视野开阔、善于思考、乐于奉献、追求卓越"的学习型教师团队，使教师成为创新班课程的开发者、建设者和实践者。以落实"以学生发展为本"的课程理念，做实基础型课程，做深拓展型课程，做活研究型课程，构建"让每一个学生都能成为具有中国特质、国际视野，能参与未来竞争的精英人才"的课程体系为课程建设目标。

所有这一切都基于我们对个体生命的尊重，对学生差异的理解、包容，我们坚信唯有无限地去接近教育的本原，触摸到学生生命成长的律动，教育才能真正实现和谐、多元和持续化的发展。

第二节　和谐教育的发展轨迹

一、和谐教育提出的背景及缘由

在91年的办学历史中，北中一直秉承着中华民族传统文化的精神，汲取先进教育的养分，从未停止过追求和探索。为此，北中在继承原有的优秀传统的基础上，融入时代精神，提出了最能代表学校现有风貌及未来发展方向的办学思想，即和谐教育。

（一）北中素质教育发展的现实需要

进行示范性普通高中建设是国家基础教育改革的战略部署，也符合北中全面推进素质教育的现实需要。《国务院关于基础教育改革与发展的决定》中指出："各地要建设一批实施素质教育的示范性普通高中。"这既是对人们强烈需求优质高中教育的回应，也是追求优质教育的一种表现。要提高人民群众对教育的重视程度，也就要允许和满足其对高质量教育的追求。这种对较高层次教育需求的日益增长，是社会文明进步的表现。因此，建设一批示范性高中顺应人心、势在必行。

1993年，《中国教育改革与发展纲要》的实施意见中提出："每个县要面向全县重点办好一两所中学，全国重点建设1000所左右实验性、示范性的高中。"1995年，原国家教委在全国普通高中教育工作会议上颁发了《示范性普通高级中学评估验收标准（试行）》，正式部署了这项工作。此后，各地、各校根据当地教育发展的实际情况，积极开展本地实验性、示范性高中的建设工作。

为了更好地迎接21世纪的全新挑战，保障西部大开发战略的顺利实施，全面推进普通高中教育改革和发展，同时为广西社会主义现代化建设培养一大批具有扎实基础知识、良好创新精神、超强实践能力以及终身发展能力的优秀人才奠定基础，广西壮族自治区政府、区教育厅决定从2001年起，重点建设一批在办学思想、办学模式、学校管理、队伍建设、教育研究和教学技术等方面起示范指导作用的自治区级示范性普通高中。

作为北海一所历史悠久，有着优良传统和良好校风、学风、教风的名校，北中热烈响应国家和自治区的号召，积极投身于示范性普通高中的评估申报工作之中。为了促成"示范校"代替"重点校"，也为了更广阔的发展天地，北中的办学思想更加明确，办学特色更加鲜明。

（二）国家素质教育的提出及推进

教育是社会进步与发展的传感器，随时传递并感应着时代发展和社会进步的脉搏。20世纪70年代末80年代初，科学技术的迅猛发展和经济全球化促使世界市场不断扩大，国际之间的交流更加自由、紧密，国家之间的依存度也越来越高。全球范围内科学技术的激烈竞争和经济全球化直接引发了世界各国对人才需求的激增和对教育要求的提高。

为应对国际间的人才竞争，为适应社会转型时期经济发展的需求，为未来经济发展奠定更坚固的基础，我们必须适时地进行教育改革。素质教育思想就是在这时出现并受到全社会重视的。

"素质"概念受到教育理论界关注始于 20 世纪 80 年代初。众所周知，"文化大革命"使得中国的教育事业遭到了严重的破坏，之后的国家百废待兴，人民渴望教育振兴，国家建设呼唤人才。此时，基础教育领域内的有识之士力图使教育回归教育的本意。其中，最早的声音就是以素质教育纠正应试教育。

20 世纪 90 年代初，素质教育作为一个新词汇频频出现在各种报刊中。1993 年，《中国教育改革和发展纲要》中明确提出"中小学要由'应试教育'转向全面提高国民素质"，从而使素质教育逐步变为国内一场引人注目的教育改革运动，促进了教育理念的革新、课程的现代化和科学化、师生关系的变化以及评价方式的变革，相关的理论研究也不断深入。

1994 年 6 月，中共中央、国务院召开了第二次全国教育工作会议，会议指出，基础教育必须从"应试教育"转到素质教育的轨道上来。这些都有力地推动了素质教育的研究与实施，使素质教育的发展进入到一个新阶段。

素质教育摆脱了传统"应试教育"单纯为应对考试争取高分、片面追求升学率、违背教育规律的现象，从人的身心发展的素质结构入手，为培养与提高学生的素质提供了更加丰富和明确的培养目标体系，并且使全面发展教育的内容更为明确，有较强的可操作性。教育的根本任务就是在一定的生产力水平下促进人的全面发展，提高国民素质。因此，在一定意义上说，教育在本质上就是素质教育。这为和谐教育的提出与发展奠定了坚实的理论基础与实践来源。

"十六大"以来，党和政府审时度势，适时提出了科学发展及和谐发展的重要思想，勾画了对内构建和谐社会、对外和平崛起的宏伟蓝图。建设和谐社会是我国新时期一项重要的战略决策，而和谐教育是和谐社会的重要组成部分，是构建和谐社会的现实基础和价值选择。中国特色的素质教育思想是应改革而生，随开放而发展，依实践而完善的中国教育思想的本土创新。因此，要丰富和发展素质教育，我们必须立足于构建社会主义和谐社会的总体目标，突破和超越原有的思维方式，以更高的定位来思考素质教育问题。这时，和谐教育的理念就顺势而生了。

人是社会和谐发展的主体，社会的和谐发展需要人的和谐发展；而人的和谐发展，则需要和谐的教育与教育的和谐。教育是提高人民科学文化素质和思想道德素质的基本途径，是发展科学技术和培养人才的基础，在现代化建设中具有基础性、先导性、全局性的地位和作用。因此，构建和谐社会，促进人的和谐发展，基础在教育和谐。

综上可知，和谐教育是代表我国教育发展的一种价值选择，引导着我国教育的发展方向。它不再是学者的一种教育设想或逻辑论证的理论，而是成了社会各界积极回应并热情参与"和谐社会"建设的教育价值观，进而"成了新时期我国的主流教育思想，成为引领教育改革的旗帜"。

国家提出的素质教育与北中崇尚的和谐教育，不论是精神内核还是教育理念都是惊人的一致。在这一有利因素的推动下，追求卓越、敢为人先的北中人以和谐教育为指引，积极响应党和国家号召，调整学校发展战略，率先进行了教育改革，使北中进入了素质教育发展的新纪元。

二、和谐教育的内涵解读

和谐是一切事物的最佳组合和最佳状态，是一切美好事物的重要特征，因此和谐是人的追求、社会的追求，也是教育永恒的追求。它是实施素质教育的一种教育模式。所谓和谐教育，就是以科学理论为指导，以社会发展需求与人的自身发展要求相和谐为宗旨，协调并整体优化各种教育因素，创建和谐的育人氛围，使受教育者在德、智、体、美、劳诸方面得到全面的发展。和谐教育思想是古今中西教育思想的融合与统一，其先进性、深刻性源自优秀民族传统、现代科学以及当下的现实需要。一言以蔽之，这是一种先进的、具有历史继承性和时代创新性的教育思想。

（一）关于和谐教育的文献研究

和谐教育起源于古希腊的雅典，指健美体格和高尚道德的结合。最早全面阐述和谐教育的古希腊学者柏拉图认为，应通过德、智、体、美诸因素使受教育者养成"身心既美且善"的人。就我国而言，和谐教育的理念可以追溯到春秋时期的孔子，孔子所说的"成人"就是"仁""智""勇""三达德"的统一；王守仁则较为明确地提出了和谐教育的内涵——教育要"开其知觉""发其意志""导之以理"，简而言之，就是使受教育者的"知情""意情"得到协调发展；近代教育家蔡元培也明确提出教育要"以世界观为终极目的，以美育为桥梁，要进行体、智、德、美四育和谐发展的教育"。

到了现代，教育的和谐更受到关注。党的"十七大"报告中关于教育的论述中提到：优先发展教育，建设人力资源强国。教育是民族振兴的基石，教育公平是社会公平的重要基础。要全面贯彻党的教育方针，坚持育人为本、德育为先，实施素质教育，提高教育现代化水平，培养德、智、体、美、劳全面发展的社会主义建设者和接班人，办好人民满意的教育。

在诸多教育文献中，一般从以下几个方面对"和谐教育"进行阐述：一是从构建和谐教育的意义方面。如"均衡教育资源是实施和谐教育的前提，有效协调关系是构建和谐教育的核心，解决教育的热点、焦点问题是建设和谐教育的重要手段，全面提高教师队伍素质是实施和谐教育的保证，精心打造特色教育品牌是实施和谐教育的生命力"（刘耀光《构建和谐教育，促区域教育提升》）。二是从和谐教育的时代内涵和任务方面。如"关于和谐教育的内涵，从宏观层面看，和谐教育应该是指：教育发展的区域和谐与教育发展的城乡和谐。从中观层面看，建设和谐教育是指：我们要努力缩小城市中优质学校与薄弱学校的差距，实现校际间的发展和谐。从微观层面看，我们要建设的和谐教育是面向全体学生的教育，要关注每个学生的和谐发展。关于和谐教育建设的方向，和谐教育的任务是努力使我们的教育实践真正坚持教育方针的指导，真正实施素质教育，真正造就和谐发展的人"（谢雪梅《构建和谐教育的几点思考》）。三是从和谐教育的实施途径方面。如"和谐教育管理就是在由学校管理者、教师、学生、教育环境等要素构成的'生态系统'中，通过理性、民主的决策来营造和谐学校管理氛围，构建和谐的领导关系、教师关系、师生关系等，以实现学校教育和各项活动的顺利开展。实施和谐教育管理的主要途径包括精心设计和谐的教育管理目标、充分发挥管理者的人人影响权、着力营造和谐的学校人际关系"等。在这些论述中，不仅"和谐教育"被赋予了时代意义，作者更是将"和谐教育"的实施细化到教育教学的每一个环节、每一个层面，真正达到用和谐教育造就出社会需要的和谐发展的人，从而建设和谐社会的目的。

（二）北中和谐教育的内涵

一直以来，北中就特别关注学生综合素质的全面发展。从 20 世纪 50 至 60 年代，陈增忠校长以"坚决革命、勤奋学习、艰苦劳动、自觉守纪"为校风，强调德、智、体、美、劳全面发展。1984 年，学校被确定为自治区重点中学，注重在培养学生自学和实践能力方面的改革实践从未停止。20世纪末，叶翠微校长重视对素质教育进行全面的探索，可以说学校一直在培养学生综合素质方面孜孜不倦地探索，并取得了显著的成绩。

步入 21 世纪，面临着新世纪的挑战和人才培养的需要，面临着强调人性复苏、个性张扬的社会趋势，同时也为了体现素质教育的要求，2002 年，北中在继承原有的优秀传统的基础上，融入时代精神，提出了最能代表学校现有风貌及未来发展方向的办学思想，即和谐教育。

1. 和谐教育的具体体现。

它不仅是学生个体德、智、体、美、劳全面发展的和谐，也是学生个体情感、意志、性格形成过程的和谐；不仅是某一时期的和谐，也是学习阶段全过程的和谐；不仅是教与学的和谐，也是教学内容与教学方法的和谐；不仅是校内各种教育的和谐，也是学校教育、家庭教育与社会教育的和谐。归根到底就是人与社会的和谐、人与人的和谐、人与自然的和谐、人与知识的和谐。

（1）人与社会的和谐。教育是面向未来的事业，它的最终目的是为社会培养合格的人才。社会对人才的需求是全方位、多角度、多层次、多规格的，所以，教育必须与社会需求相和谐。而我们的责任就是教育、启发和帮助学生学会认知、学会做事、学会合作、学会生存、学会发展，重视学生多元智力的培养，重视学生健康的心理品质的培养。

（2）人与人的和谐。学校的一切教育教学工作都离不开人，都是围绕着人进行的。因此，用和谐的方法培养人，培养和谐发展的人，培养善于和别人和谐相处的人，这些都是至关重要的。教育必须要有和谐的人际关系。长期以来，北中坚持用尊重、民主、关爱的作风营造了一个温馨、和谐、宽松的校园氛围，学校干群间、师生间、教师间、学生间、家长与教师间，关系融洽，配合默契，形成了和谐的教育集体。

（3）人与自然的和谐。学校的教育活动是一个有机的整体，这一整体不仅包括师、生、课堂、内容、方法，也包括整个育人的环境设施和文化氛围。和谐向上的环境可以陶冶学生情操，启迪心智，催人奋进。无论是完善的硬件设施还是浓郁的人文氛围都能体现环境对人的熏陶，凸显环境在育人方面的隐性教化功能，因此必须强化人与自然（环境）的和谐理念。

（4）人与知识的和谐。学生学习过程具有客观存在的认知规律，我们在教育教学过程中，只有遵循这一规律才能使学生在学习的过程中感受到求知的收获和求知的愉悦。过去的教学偏重对知识的消化、记忆，忽视了学生学习的主观能动性，忽视了学生的创造性思维和不同学生个体的不同特点。因此，教育必须追求人与知识的和谐。这是一个师生互动的过程。

2. 和谐教育新的时代特征。

和谐教育作为北中的办学理念，得到了广大师生和市民的认同，随着时代的进一步发展，必须进一步深化和细化和谐教育办学理念的具体内涵，学校的发展才能实现质的飞跃。故而，北中在原有的基础上，结合学校发展实际，赋予了和谐教育新的时代特征，表现为以下四个方面。

（1）在学生素质上实现人文精神与科学素养的和谐统一。在和谐教育办学理念的引领下，学生的发展，首先是人文精神，其次是科学素养。基础教育的任务是把人文精神与科学素养的综合发展有机地结合在一起，以培养人文精神为重点，让学生学会做人，学会认知，学会与人合作和学会健体，实现"学生在北中学习三年可持续发展三十年"的目标。

（2）在教育对象上实现教育均衡与教育公平的和谐统一。品牌教育的均衡主要是让广大学生都能就近享受优质教育，要做到教育均衡与教育公平的和谐统一，对进入北中的学生就要保证做到三点：第一，到北中就读的孩子享有公正平等的受教育的机会，即教师要平等对待每一个学生；第二，使不同发展程度的孩子能有不同程度的提高，即学生的发展要全面和谐；第三，在教育过程中师生关系的平等和谐，即开放、民主的教学模式，从而达到北中"为每个学生的成功奠基"的办学目标。

（3）在教育渠道上实现学校、家庭、社会的和谐统一。学生最先受到的教育是家庭教育，家庭也是学生最早体验到教育的地方。北中实施和谐教育要充分发挥家庭教育的优势，利用"亲情教育、感恩教育"等多种形式的活动，把对学生的关爱融于日常生活中，让学生在学校感到满意，同时注重打造学生个性特征；通过"德育基地"，学生走进社区，开展多种形式的社会实践活动，用社会环境中高尚的道德行为潜移默化地影响学生的心灵，用和谐社会的整体氛围去感染学生，用关心他人、尊老爱幼、爱国守法、明礼诚信等美德激励学生，促进学生心理发展的完善和健康，学校成为学生和谐发展、舒心满意的育人基地。学校与社区、家庭形成教育合力，共同创设良好的育人环境，才能实现和谐的教育。

（4）在办学理念上实现学生成长与教师成长的和谐统一。教育的目的是促进学生全面、生动、主动和和谐的发展，教师是学校办学的主体，是实施教育教学行为的主体。因此，教师队伍的和谐是学生和谐发展的引力。学校教师队伍的和谐，包括教师与教师之间、学校干部与教师之间的和谐，是学校和谐体系的核心因素之一。因此，我们要打造和谐教育，首先就要加强教师队伍的和谐建设，通过促进干群关系和教师之间的和谐来推动和促进学生的和谐发展，促进学校和谐教育的形成。

三、北海中学和谐教育的探索历程

（一）和谐教育办学理念初步形成

20世纪末，国家面临着进入新世纪的挑战和人才培养的需要，面临着强调人性复苏、个性张扬的社会趋势。为了应对社会主流思潮的发展，为了体现素质教育的要求，当时担任北中校长的叶翠微先生在继承学校原有优良传统的基础上，融入时代精神，提出了最能代表学校良好风貌及未来发展方向的办学思想——人性教育，即给学生以人性、还教师以自由、塑学校以品格，这就是北中和谐教育的雏形。

叶翠微校长深谙素质教育之精髓，推崇以人为中心的教育价值取向，即"人性教育"。其内含是：教育要以人性的完善作为自己的思想和理想，强调教育对学生灵魂的塑造和人性的提升以及引导学生对智慧的追求，其第一要义就是尊重学生的天性。为此，他提出在北中要给学生提供充分施展才艺的舞台。北中传统的跨年通宵狂欢夜，就是在这个时候开始的。

在大部分人包括众多教育工作者的教育理念中，学校就是培养人才的摇篮。学生理所应当把主要的时间和精力都放在专业学科知识的学习上，而生活本身的意义被"业余化"了。这种教育怪圈，使得学生的日常交往、生活世界，日益被工具性、功利性所侵蚀，他们没有办法体验成长的乐趣、感受个性的魅力、领悟教育的真谛。

为了改变这一普遍现象，叶校长作了许多大胆尝试。他认为，教育本应是在生活中促进学生人性自我完善的一种辅助性手段，他信奉美国教育家杜威的教育理念，让学生在活动中成长，给学生充分的自由，让他们充分挖掘自己的潜力、发展自己的天赋。因此，在北中这块热土，他为学生创造了丰富、生动的"学习场所"，将丰富的体育元素、音乐元素、信息元素注入校园。

叶校长所坚持的人性教育，推动了北中教育理念更新的进程。在此基础上，和谐教育这枚种子不知不觉中已经播撒在了北中大地，它在吸收养料，蓄积力量，准备破土而出。

进入 21 世纪以来，随着国家"科教兴国"战略的实施，中国的教育已进入一个适度超前发展、跨越式发展的时期，面临着大好时机，北中不断扩大办学规模，改善办学条件，教育教学质量逐年提高。尤其是 2001 年 4 月荣获自治区示范性普通高中立项以后，更是励精图治，乘势而上。在建设示范性普通高中的契机下，北中积极推进教育改革，进一步完善办学思想，明确办学目标，和谐教育思想初步形成，"立足和谐，追求卓越"成了北中发展的主题。

和谐教育要求从人本身出发，在尊重人性的前提下，关怀人的生活，帮助每个个体趋向完善。教育的授受者都是人，因而以人为中心是和谐教育的应有之义。北中和谐教育继承和发扬了叶校长的人性教育观，目的就在于促使每一个北中学子都能全面和谐地发展。北中树立了以人为中心的教育观，和谐教育理念初步形成。这一时期，和谐教育的核心理念是关怀人的生活，尊重人的价值，引导学生去认识自己，理解生命，追求价值，活出人的意义来。

（二）和谐教育办学理念逐步完善

2003 年，北中首批通过自治区示范性普通高中评估验收。为此，在人类社会跨世纪发展的情况下，北中以国家教育方针为指向，以《中共中央国务院关于深化教育改革，全面推进素质教育的决定》为准则，以科学的现代教育思想为灵魂，积极探索既适合学生个体发展又适应社会发展态势并具时代前瞻性的普通高中办学模式，逐步形成了完整的和谐教育体系。

1. 办学思想：和谐教育。

作为一所示范高中，北中曾经历了深入的思考和反复的探索，办学理念逐步形成，其核心就是以学生为主体的"和谐教育"。这一时期的和谐教育，在此前的基础上，注入了鲜活的时代气息，那就是以科学理论为指导，以社会发展需求与人的自身发展要求相和谐为宗旨，协调并整体优化各种教育因素，创建和谐的育人氛围，使受教育者在德、智、体、美、劳诸方面得到全面、和谐发展。它是实施素质教育的一种教育模式。

2. 办学目标：为每个学生的成功奠基。

办学目标是在教育方针的指导下，学校根据所处地区的经济文化发展需求，结合自身设备设施、师资力量、生源质量等实际情况制定的学校教育教学中长期工作目标。办学目标的确立，是时代发展和现代化建设对人才培养的理性折射，是学校文化背景的浓缩，是学校未来发展的方向，也是全校师生共同的行动指南。办学目标是学校之"魂"，它对办学模式、办学策略、办学特色以及师生行为准则，起着导向作用，同时对全体教职工教育教学活动具有激励性，使学校发展有方向，教师工作有动力。基于以上因素，北中将办学目标确定为：为每个学生的成功奠基。旨在以此引领师生与时俱进、自我超越，为学生的终身发展奠定基础，为社会主义事业的可持续发展培养合格的建设者和接班人，办出人民满意的教育。

3. 育人目标：培养视野开阔、勤思善学、勇于创新、敢于担当的公民。

中国教育学会副会长朱永新说：培养美好人性、塑造美好人格以建设美好和谐社会，才是教育的最高目标。我国普通高中课程标准也曾明确指出，普通高中是在九年义务教育基础上进一步提高国民素质，也就是为学生终身发展奠定基础的。因此，高中教育的育人目标，是人格健全有智慧，全面发展有特长。所以，根据教育规律和时代发展特点，结合北中"和谐教育"的办学理念和"为每个学生的成功奠基"的办学目标，北中将育人目标确定为：培养视野开阔、勤思善学、勇于创新、敢于担当的公民。

视野开阔——意在培养学生开阔的视野。它要求学生不仅能了解本土文化、民族文化，还能了解、理解其他区域、国家的文化，尊重文化差异，能与来自各种社会和文化背景的人和谐相处，能对充分利用社会和文化的差异性创立新观点，并提高自身的创新水平和学习质量，以便更有利于自身发展。北海是一座沿海开放城市，2002 年 6 月，北中成为由教育部牵头的"中美青少年交流项目"的全国首批 7 所交流学校之一。因此，培养以知识渊博为基础，具备跨文化交流能力，且思维活跃、思想豁达的学生，既是学校的优势，也是社会的要求。

勤学善思——勤学意为勤奋学习，即把智慧付诸实践，是走向成功的路径，也是一种正确的学习态度；善思意为善于思考，要求在求知、办事、做人的过程中勤思、善思是什么、为什么、怎么做，让行动多一份理性的指导、多一份深入的探究，这是一种正确的学习方式。对于身处北海这座慢节奏的沿海城市的我们来说，勤学和善思更显得尤其重要。

勇于创新——创新精神是民族精神的魂，是社会发展的动力。爱因斯坦说："创造力比知识更重要，因为知识是有限的，而创造力概括了世界的一切，推动着社会进步，并且是知识进化的源泉。"当今社会呼唤创新型、实用型、复合型人才，而学校教育是学生创造力培养的主要渠道。北中要培养视野开阔的人才，更需要把创新精神和进取意识的培养置于重要地位，使学生经过卓有成效的教育而具有强烈的问题意识和求知欲、灵活的思维和永不枯竭的想象力、广泛的兴趣和敏锐的观察力、冒险精神和锲而不舍的努力精神。

敢于担当——敢于承担并负起责任，是人们在职责和角色需要的时候，毫不犹豫、责无旁贷地挺身而出，并在承担义务当中激发自己的全部能量，它是一种责任、一种自觉、一种境界、一种修养。有责任、有担当，这是现代社会人才的必要品质。培养学生"敢于担当"就是要培养学生遵守社会规则，主动承担起自己应尽的责任，这些责任包括照料自己、照顾他人，还包括对公共问题履行与自己能力相应的公共服务。

4. 校训：诚、毅、勤、朴。

"诚、毅、勤、朴"四字，是北中传承至今的校训，是先贤学长们留给我们的十分宝贵的精神文化。这一校训精练凝重、意味深长。其深刻寓意是：诚——诚信、真诚，意在培养诚实守信、襟怀坦荡之品格；毅——坚毅、刚毅，意在磨砺开拓进取、坚定执着之意志；勤——勤奋、勤勉，意在养成刻苦学习、不懈探索之习惯；朴——朴实、纯朴，意在追求朴实自然、从容淡定之境界。这四字校训，言简意赅，明确了北中学生在学校里读书为学、在社会中为人处世、一辈子安身立命的要旨，需要一代一代的北中学生深刻领会、牢记于心并努力身体力行、实践落实。

5.北中精神：追求卓越、敢为人先。

学校精神是一所学校的灵魂，也是一所学校的追求。2002年，北中申报自治区首批示范性普通高中，历时两个多月的公开征集，广泛发动社会各界和广大师生参与投票评选，确定"追求卓越、敢为人先"为北中精神。由此，引发各界热烈回应。大家盛赞"追求卓越、敢为人先"恰当地概括了北中的特质，彰显了北中人的智慧。

"追求卓越"是北中的发展目标和方向。一代代的北中人不断追求卓越品质，积极开拓进取，一步一个脚印，坚定向前，努力把北中打造成为卓越北中。1984年北中被确定为自治区重点中学，2002年被评为自治区首批示范性普通高中。在历史的潮流中，北中将"追求卓越"作为永恒的发展目标，办学质量年年上新台阶，高考成绩逐年攀升，学校英才辈出，桃李芬芳，办学综合实力全面提升，赢得了社会的普遍赞誉。

"敢为人先"是北中的精神之魂，也凝结在北中人的精神品格之中。在建校近百年的历史中，北中人骨子里闯劲十足，不落人后，真真正正做到了敢为人先。从20世纪30年代北海第一个中共党支部的成立到新中国成立初期北海第一个共青团支部在北中的建立，从十一届三中全会后新形势下一些新式教学法在学校的不断推行到90年代叶翠微校长在素质教育方面的勇敢尝试，再到现如今苦佑文校长在和谐教育方面的不断创新。一代又一代的北中人敢做时代的弄潮儿，用智慧与坚毅奏响时代的凯歌。

"追求卓越、敢为人先"，从开拓处入手，以达卓越之境，这是北中师生对北中精神坐标的描述与向往，也是一个地方名校对自身历史使命的定格与追求，更预示着北中的明天将会更加令人期待。

这一时期，北中乘着素质教育改革及广西示范性普通高中评估验收活动的东风，基于和谐教育的价值取向，深化教育教学改革，充分利用一切教育阵地，使用全方位的教育手段，提高学生综合素质，完善了以和谐教育为核心的办学思想。每年的校园"三大节"成为学生锻炼能力、完善自我的一个舞台。以人性完善为宗旨的和谐教育评价体系开始建立。以人的发展和人性陶冶为指向的课程体系初步形成。这期间，北中办学质量年年上新台阶，高考成绩逐年攀升，本科上线人数突破千人大关；师生创新作品也屡获佳绩，优异的办学业绩已引起了全社会的普遍关注。

（三）和谐教育办学理念不断创新

2013年，在市委市政府的关心和市教育局的领导下，北中实现了学校的整体搬迁。从此，学校进入了发展的新纪元。实行高中新课程改革与学校整体搬迁后，北中迎来了发展的新契机，同时又面临着挑战。学校继续以和谐教育为引领，不断丰富、创新其内涵，推动着各项事业的长足发展，办学综合实力全面提升，赢得了社会的普遍赞誉。

1.以理念为引领，深化、细化和谐教育的具体内涵。

一是在学生素质上实现人文精神与科学素养的和谐统一。在和谐教育办学理念的引领下，实现学生的人文精神发展，以培养人文精神为重点，让学生学会做人，学会认知，学会与人合作和学会健体，实现"学生在北中学习三年可待续发展三十年"的目标。二是在教育对象上实现教育均衡与教育公平的和谐统一。首先，到北中就读的孩子享有公正平等的受教育的机会，即教师要平等对待每一个学生；其次，使不同发展程度的孩子能有不同程度的提高，即学生的发展要全面和谐；第三，在教育过程中师生关系的平等和谐，即开放、民主的教学模式。从而达到北中"为每个学生的成功奠基"的办学目标。三是在教育渠道上实现学校、家庭、社会的和谐统一。充分发挥家庭教育所具有的优势，利用"亲情教育、感恩教育"等多种形式，把对学生的关爱融于日常生活中，让学生在学校满意；通过德育基地，让学生走进社区，开展多种形式的社会实践活动，培养学生公德心与社会实践能力。学校与社区、家庭形成教育合力，共同创设良好的育人环境，力争实现全面、和谐、满意的教育。四是在办学理念上践行学生成长与教师成长的和谐统一。加强教师队伍的和谐建设，通过促进干群关系和教师之间的和谐来推动和促进学生的和谐发展，促进学校和谐教育的形成。

2.以育人为根本，打造和谐文明的校园环境与文化。

北中新校区占地面积420亩，为原址的4.5倍，一期工程总投资为4亿元，可容纳在校生 5000 人。新校区教育教学设施设备一流，教学楼装备了先进的多媒体电子白板系统；学生宿舍配备了太阳能空气能热水系统；所有功能室都安装了空调；多功能实验楼按照中学国家 I 类标准配备了各种实验器材。

一个高层次、高格调、高品位、绿色和谐的校园呈现在我们的面前。那么，接下来我们必须要做好的工作就是：建设新校区的学校文化，充分发挥文化环境的育人功能，让师生时刻身受环境的熏陶，激发其奋发上进的动力，使个人思想行为不自觉地融入环境之中，得到同化和升华。

首先，营造高品位的学校环境文化。要打破常规的、静止的模式，围绕师生学习生活布置环境，赋予它丰富的生命力，在我们熟知的领域里挖掘出新的教育资源，为师生的发展提供更为广阔的空间。把每一丛花草、每一面墙壁，都创设得细致而有品位，虽默默无言，却又"此处无声胜有声"；让每一个角落都成为学生学习、探究、实践的园地，使美丽的校园犹如依次展开的画卷，像一本无字的书"润物细无声"地内化师生的修养、外化师生的言行。

其次，在教学区内开辟北海市历史文化长廊展示区，在走廊、过道展示学生的作品、制作和发明，让学生在特长展示中充分展现自己的思维和想象，为他们提供表现才华、张扬个性、实践创新的平台；在教学楼和教室布置著名科学家和学者的画像，著名的治学和教育名言警语，书写催人奋进的标语，如校训、校风等内容，体现严谨治学、勇攀高峰的文化主题。让校园成为师生流连忘返的花园、温暖的家园和幸福的乐园，启迪师生的心智，净化师生的心灵。

3. 以学生为本，建立和谐融洽的新型师生关系。

师生关系是教育活动中的人际关系，它是社会关系的预备阶段。师生关系的好坏，直接影响着学生的学习兴趣和教学质量。良好的师生关系是进行正常的教育、教学活动的保障。民主、平等、团结、向上的新型师生关系的构建要靠教育者、受教育者、家庭乃至社会的共同努力。

为此，北中一直信奉"没有爱就没有教育"的理念，主张教师要从"高人一等"的讲台上走下来，从知识的唯一权威的心理中走出来，深入到学生的生活中，用教育和爱来关怀学生，用平常心来对待学生，用综合能力来审视学生，用宽厚心来包容学生。因为只有了解学生，才能教育学生；只有尊重学生，才能要求学生。学生应理解老师的苦心，从心里接受老师的关怀和教诲，要相信老师所做的一切都是为了自己将来更好的发展。

北中是全寄宿学校，教师和学生生活在一起，师生间常常会如实表达自己的观点和想法，彼此尊重、沟通、接纳、信任、包容，而不是针锋相对、言不由衷、互相猜疑。老师重视学生的自主性，从交往着手，成为了学生年长的朋友和善意的顾问。在这种共同参与、相互融合的情况下，师生互相理解，教育深入人心，走入良性循环，传统的教师主导的师生关系转变为"民主议和"、其乐融融的和谐关系。

4.以人为本，关爱教师，增强教师的幸福感。

让学生学得满意，更要让教师充满幸福感，才能充分发挥教师"教"的积极性和主动性。

一是树师德，铸师魂，增强教师的职业幸福感。学校站在时代的制高点上，对教师进行职业道德教育，作出新的思考和定位，除引导广大教师继承传统美德和职业道德外，更注重增强教师立教育理想，感幸福教育。利用"青年节""教师节"等大型节假日开展学生感恩主题活动，从不同的层面让教师充分认识到教育是人类社会永恒的事业，教师是充满理想和幸福的神圣职业，同时形成关注学校和教育，关注自我的幸福体验。

二是树名师，建名校，提升教师专业幸福感。有名师才有名校，为打造名师，北中实施了"一导向、二鼓励、三平台"名师培养工程实施方案。"一导向"——政策向优秀教师倾斜。北中建立了优秀人才成长激励机制，政策向优秀教师倾斜，对获得优秀教师称号的老师，学校通过报纸、网络、电视等多种媒体向社会广泛宣传，并给予适当物质奖励，优先享有晋升、晋级、聘任、外出考察、培训和进修等机会。"二鼓励"——鼓励勇挑重担，鼓励著书立说。"三平台"——青年教师比武课平台，骨干教师研究课平台，名师示范课平台。每学期举办青年教师优质课比赛，评选教坛新秀；每学期骨干教师在"开放周"活动中上研究课，并记入业绩档案；每学期面向全市开放名师示范课，树立名师的品牌形象。

教育家夸美纽斯曾经说过："人的本身，里外都是一种和谐。"人在身心各方面都存在着和谐发展的因素。教育就是要使人的各种因素真正得到和谐发展，从而实现个体与社会的和谐。党的十六届四中全会提出了构建社会主义和谐社会的新理论，北中在继承原有的优秀传统的基础上，融入时代精神，2002年提出了最能代表北中现有风貌及未来发展方向的办学理念：和谐教育。经过十几年的探索、发展，到现在终于形成了自己的风格。相信在和谐教育理念的引领下，学校的各项工作将会百花齐放，更加繁荣昌盛。

四、和谐教育的办学特色

随着社会的不断进步和学校办学质量的逐步提高，北中对教育的理解和认识也在不断深化，在和谐教育的指导下，通过多年的探索和实践，逐步形成了自身鲜明的办学特色，即：和谐、开放、创新。

1. 和谐。

和谐强调的是人与自然、人与知识、人与人、人与社会的和谐。基于此，北中致力于营造一个和谐的校园氛围，努力打造和谐的办学特色。一是环境和谐。北中是"自治区绿色学校"、北海市"园林学校"，育人环境优雅和谐。二是课程和谐。依据学生发展需求、学校实际情况、北海地域特点开设校本课程，建设人文校园，促进了学校、教师专业、学生个性的和谐发展。三是师生关系和谐。师生在沟通、理解、对话、交流中实现了平等互动基础上的和谐发展；四是管理和谐。和谐教育的理念使北中人性化管理逐步推向深入，尊重教师、尊重学生、发扬民主的校园氛围充分调动了师生的积极性、主动性和创造性，对学校的可持续发展切实起到了保障作用。

2. 开放。

开放要求的是让学校具有开放的理念，校长具有开放的思想，教师具有开放的心态，学生具有开放的视野。北中基于地处沿海开放城市和作为"中美青少年交流项目"学校等有利因素，海纳百川，尽引他山之玉，将开放作为北中的第二个办学特色。一是立足国内名校博采众长。北中与北京四中、杭州二中、湛江一中等国内知名学校结为友好学校后，又与清华附中、北京101中学、西藏拉萨中学建立了友好关系；同时采取"走出去，请进来"的方式，不断派出学校领导、老师到全国各地名校参观考察，广泛学习兄弟学校先进经验。同时，先后邀请北师大金盛华教授，中国科学院空间科学与应用研究中心研究员潘厚仁，中国科学院高级工程师钟琪，特级教师李镇西、陈忠联、李小凡、钟志农等知名学者来校讲学；……二是放眼海外学府，开放交流。至今北中已成功接待了日本、英国、加拿大、澳大利亚等教育代表团。特别是2002年6月份开始的由教育部牵头的"中美青少年交流项目"（北中为全国首批7所交流学校之一），现在一直在进行，成功搭建了中美青少年交流的友谊之桥。

3. 创新。

当今社会呼唤创新型、实用型、复合型人才，而学校教育是学生创造力培养的主要渠道。北中以"三大节"为舞台，以"两大制度""一大活动"为保障，努力培养具有北中特色的和谐发展、创新见长的"北中人"。迄今为止，北中成功举办了17届科技节，多次荣获全国青少年创新大赛优秀组织奖。在全国青少年科技创新大赛中，有1名学生荣获全国一等奖，9名学生荣获全国二等奖。在广西青少年科技创新大赛中，30多个项目获省级一等奖。2015年，北中组织学生参加广西青少年创新大赛，陆峰老师指导的4个项目成功申报国家创意发明专利。学校连续八年获得广西青少年科技创新大赛优秀组织奖，先后被授予全国现代教育技术实验学校、中国科协青少年创新实验学校等称号，并成功通过了广西发明创造示范单位复查。

第三节　北中人眼中的和谐教育

抚今追昔，一代又一代的北中人在和谐教育理念的感召下，积极追求、锐意进取，翻奏着永远的青春弦歌，让北中在时代的大潮中勇往直前、屡创辉煌。那么北中人眼中的和谐教育又是怎样的呢？我们采访了多位不同身份的北中人，来为大家揭晓这个答案。

一、校长眼中的和谐教育

校长，既是学校的管理者，也是学校办学理念的践行者。北中发展至今，已经走过了91年的光辉岁月。在91年的历史长河中，一位位校长披荆斩棘、励精图治，为学校的发展、学生的成长呕心沥血、竭诚奋斗。那么，作为学校发展的领航人，他们对于和谐教育的看法又是怎样的呢？

（一）前任校长谈和谐教育

叶翠微从1998年至2000年在北中担任校长。在他引领北中的几年里，突出了"全面实施素质教育"的发展主题，并通过系列活动和举措极力推进素质教育。在这期间，北中逐步形成以科学的现代教育思想为主导，既适合学生个体发展又适应社会发展态势并具时代前瞻性的办学模式，形成了较为完善、成熟的素质教育体系。这些教育理念是北中和谐教育理念的雏形，经过时间沉淀，不断发展完善。

2000年，他离开北中后，还依然关注北中甚至是北海教育的发展。不仅几乎每年都带专家团队到北中讲学，传经送宝，还与北中签订帮扶协议，给予北中办学全方位的扶持。时光荏苒，情怀不变。在这位著名校长身上，我们看到的是他对教育事业执着的追求和对北中发展的深切关怀与期盼。

叶翠微校长眼中的和谐教育是这样的：

　　1997年，我从湖北来到北中，1998年任北中校长。当时和学校班子成员讨论，将学校发展的主题确定为：加速教育现代化进程，全面实施素质教育。我认为，对学生素质教育的关注，最主要的是为学生打开了一扇门。这扇门让我们思考怎样看待教育，看待人的成长，看待人的成功。

　　原来的教育，一般是狭隘地理解为如何提高学生的分数，多是注重学生的成绩。但当我们把视线投向素质教育时，才明白人的成长是多元、多维的，是需要我们为学生打开一扇成长的大门，让教育成为一种真正的"人性教育"。它要求以人性的完善作为教育的思想和理想，强调教育对学生灵魂的塑造和人性的提升。教育者要尊重学生的天性，要给学生充分施展才华的舞台。学校要为学生创造丰富、生动的"学习场所"，要将丰富的元素注入校园，让生命的种子在每一个学生心灵深处孕育发芽，散发出不同的芬芳，结出迥异的果实。因此，我们会基于学生发展的需求开设丰富多彩的活动。如千禧年的通宵晚会，每个学期的足球联赛、辩论赛，下午4点后还要求学生能走出教室，走进图书馆、走进操场、走进实验室，去参加自己喜欢的一些活动。诸如此类的举措，不仅赢得了学生的喜爱，也让学生进一步感受到了学习的精彩和人生的精彩。

　　2000年，我离开了北中。但北中在实施学生素质教育上却从未止步。特别是2002年，北中立足申报首批示范性普通高中这一契机，在素质教育的基础上，结合学校实际，提出了"和谐教育"办学理念，并致力探索、不倦追求，取得了丰硕的成果。

　　我认为，在社会如此功利的现实情况下，北中依然能够坚持探索，树起素质教育这面旗帜，是很值得大家钦佩的。教育不在于一步登天，而在于每天一小点的进步，积土成山、积水成河，才会实现质的突破。所以北中在这一点上是很让我感动和欣赏的。但发展到今天，置身于北海这个沿海开放城市，北中一定要架构起与其城市定位相适应的教育理念，一定要有大海情怀，要有国际视野，要有未来意识。如果把握住了这几点，那么北中在未来的发展便会更令人瞩目。

　　……

最后，我想以曾经北中人的身份送给北中人一句话：现在北中身在北部湾，这既是历史的选择，也是北中人自己的选择。历史将证明：随着时代的发展，北部湾必将波涛汹涌、精彩万分，其中在浪涛上独具风采的，一定是我们优秀的北中人。祝福北中，越来越好！

（二）现任校长谈和谐教育

苦佑文从2005年任北中校长至今，掌舵北中近12年。12年的岁月里，他勤于思考、敢于创新、勇于实践，努力将和谐教育践行到学校发展的每一个领域、每一个阶段中。在他的带领下，我们欣然看到北中教学质量的逐年提升，看到北中师生日益傲人的风姿，看到北中这颗北部湾畔的教育明珠愈发熠熠生辉。

在苦佑文校长眼中，北海中学的和谐教育是这样的：

北中和谐教育的办学理念是2002年提出的，当时校长是熊经斌，我是副校长。这个理念的提出，是北中领导的集体智慧，也是学校文化的历史传承。而我既是和谐教育办学理念提出的参与者，又是实践者。和谐教育办学理念其实就是素质教育的另一种诠释，它既符合素质教育的要求，也与国家提出的建设和谐社会的伟大构想不谋而合。

在20世纪末期，受高考指挥棒的影响，分数成为社会和家长评价学校和教师的尺子，而学生本身的成长没有被放在应有的位置。对一个教育者来说，这是非常痛心的。因此，当时国家适时提出了在全国实施素质教育的举措。而北中在时任校长叶翠微的领导下，推进素质教育的工作在广西是走在前列的。

如今，和谐教育办学理念经过近15年的实践，得到了进一步的丰富和完善，收获颇丰。我也在实践中，从一个普通管理者，走上了北中校长这一岗位。我的切身体会有以下几点。

一是学校的教育活动是一个有机的整体。这一整体既包括师生、课堂、内容、方法，也包括育人的环境设施和文化氛围，如果把尊重、民主、关爱、亲和、融洽的精神贯注在每一个有机的因素和环节之中，就能形成一个统一和谐的整体，从而大大提高教育教学效果。如果这个整体存在短板而不和谐，就如"木桶"理论一样，我们所取得的成果就会是最短的那块木板所决定的。

二是实施和谐教育的办学理念，必须以人为本，科学管理学校。突出"以人为本"的管理思想是和谐管理的核心，而科学的管理方法显得尤为重要，因此狠抓制度建设，完善管理体制，才能建立一种思想统一、观念创新的和谐管理机制。否则就如游戏没有规则，一切都乱了套。

三是大力推进教育教学改革创新。每年社会、家长和师生们议论最多的就是那个学校高考如何，考上北大、清华的有多少，却很少有人议论学校的精神文明奖项，很少有人称赞师生的社会公益活动和体育竞技成绩。时至今日，社会上对北中获得全国教育技术实验学校、连续八年荣获自治区创新大赛优秀组织奖等荣誉，知之甚少。故当务之急是，转变和创新教育观念，推进教育教学改革创新，培养学生综合实践能力，如此才能造就符合社会经济和文明发展需要的学生。因此改革对于学校的评价机制来说刻不容缓。

我坚信，无论过去、现在和将来，北中人一定会继续进一步丰富并完善和谐教育的办学理念，坚持不懈地推进教育教学改革创新，重视学生德、智、体、美、劳全面发展，培养出国家建设需要的有用之才，一定会把北中办大、办强、办美、办好。

二、教师眼中的和谐教育

（一）退休教师谈和谐教育

退休教师是学校发展的宝贵资源。昔日，在北中这方沃土上，他们挥洒着自己的青春与热血，实现了桃李满天下的理想。退休后，他们仍用渊博的知识和丰富的实践经验，或为北中和谐教育的发展献计献策，或对北中饱含期待与祝福。

沈礼森（原北中语文教研组长、教务处主任，曾任广西区政协委员、北海市政协副主席、北海市民盟主委，现任中国楹联学会理事、广西楹联学会副会长、北海诗词楹联学会名誉会长）：

我的身份很特殊，我们一家三代都是北中人，我也在北中度过了中学时光，又在北中担任语文教师几十年。在我的印象中，北中的图书馆除了那栋鲜明西方色彩的铭枢楼，就是丰富的馆藏书籍。其中的中国古典文学及苏联小说大大满足了我的求知欲，还是初中生的我就在《羊城晚报》上发表了文章。可以说，北中为我点燃了文学的一把火。我上学期间的老师都是非常认真的。他们一心教学，还专门在家中解答同学的问题。这种认真的北中精神深深影响了我，使我坚信着自己的文学梦和教师梦。

大学毕业后，我回到北中成为了一名语文老师。1988年教第一届高三，我教的班语文成绩常常名列前茅。当时上作文课，我和学生同时写作，课后我会念自己写的文章，让学生讨论评价。随后我先后担任了北中语文教研组长和教务处主任，并与学校老师一起创办了北中三大社团之一的"海贝"文学社。幼时我受北中熏陶，回校后又建设母校，可以这样说，我与北中互相影响，共同成长。

北中的育人理念，对师生的成长影响非常大。北中的师资和生源一直很好，培养出了大批优秀学子，这与北中良好的育人理念是分不开的，素质教育能全面培养学生，特别是现今学校的科艺体"三大节"，能让学生很好地展现自己，凸显个性，锻炼组织与参与能力，而不只是成为读书的机器，这正是当下社会所需要的。而北中广为传颂的"追求卓越、敢为人先"的精神确实鼓励过一代代北中人奋进求学。最后，我想以一首诗表达对母校的深情怀念：

> 九十遥年革易纷，珠城桃李度冬春。
>
> 繁鲜节次耀南国，朗健依然拒倦勤。
>
> 三代喜悲无尽话，百年起落有成身。
>
> 粤根桂角长情在，古道热肠作径陈。

从这首诗饱含的深情里，我们读出了沈老师对北中满满的祝福与热爱，对和谐教育理念的坚信与践行。其实，只要在北中奋斗过的人，这种情感是一样的。

庞亮（原北中革委会副主任，曾任北海市人大常委会副主任）：

我刚在北中工作的时候，学校的条件很简陋，环境也不是很好。教室旁边和实验室里经常有老鼠跑来跑去，屋顶上那些旧瓦片风一吹哗啦啦地响，屋里面有时还漏雨。当时外地学生不少，宿舍条件又不怎么好，我就和那些外地学生十几个人挤在一张大床上睡觉。后来环境好了些，操场弄得还是不错的，在那时的北海所有学校里面绝对没有几个有北中这么标准的操场。很多学生很喜欢去图书馆，里面各种各样的藏书很多。新北中前年我也去看过了，整个面积比以前大多了，教学楼宿舍楼都挺好，从外面看起来挺漂亮的。

北中的老师是很敬业的。以前当班主任的时候，很多老师都会去班上每一个学生家里家访。利用休息时间骑车一家家去拜访，了解学生家庭情况，和家长沟通。班上有些贫困生，家住农村，路也不好走。我就带着家里做好的饭菜骑车去他们家。上劳动课时，我会跟他们一起搞卫生。最难忘的是有一次台风来了，学校的宿舍楼不太牢固，但大部分学生都在里面。很多人都躲在屋里面不敢出来，我就组织学生赶紧撤离。好不容易学生都跑出去了，没过多久，那宿舍楼就塌了。……

在北中工作几十年，学校给予我最大的影响就是让我学会了以身作则，对待工作要认真，今天能做的事情不要拖到明天才去做。不能做"语言的巨人、行动的矮子"。

北中一直给予师生的是一种民主、宽松的教育氛围，一直以和谐教育的理念来促进师生的和谐发展。希望北中能培养出一批又一批对社会有用有贡献的人才，也希望北中越来越好！

教师是人类灵魂的工程师，老教师的经验和智慧更是学校的宝贵财富。

忆昔日，他们呕心沥血，任劳任怨，谱写了一首首人生的赞歌；看今朝，学校的蓬勃稳定发展，蕴含着他们卓越的智慧，凝结着他们辛勤的汗水。他们躬耕教坛，恪尽职守，教书育人，日夜操劳，浇灌了祖国花朵；他们发挥优势，为学校的进一步发展壮大献计献策，培养年轻教师。他们身上凝聚着北中人的优秀品质，他们是和谐教育理念最忠实的践行者，是北中精神的真实写照，更是北中的骄傲。

（二）在职教师话和谐教育

教师是教育目的的实施者，是教育活动的设计者、领导者和组织者。教师是教育活动的原动力，北中和谐教育理念的实现，离不开在这里默默耕耘、辛勤工作的广大教师，是他们领导和推动着整个北中的发展和教育目的的实现。

邓胤（北中教务处主任）：

我是 1997 年来到北海的，至今已有 20 多年，最令我印象深刻的是北中的包容和宽容。北中有来自全国 20 多个省份的老师，正是因为这种包容、宽容使得本地和外地的老师能够融洽地相处，人与人之间也没有隔阂。就拿我来说，这么多年，我还是不会说北海当地的方言，但这并不影响我的生活，而且还能和当地的老师愉快交流，这一切都归功于北海和北中的包容和宽容，而这与北中一直以来倡导的和谐教育理念是分不开的。

此外，从管理者的角度出发，北中不是一个对老师和学生严格管理的学校，它为学校师生提供了一个相对开放、广阔、自由的平台，让老师和学生能够自由发挥和展示，师生也有更多自由、开放的空间，这与学校的历史传承是分不开的。20 世纪 90 年代末，当时的叶翠微校长开创了这样的一个传统，做了很多的开拓、创新，比如提出了企业才有的概念——北中人；现在我们一直提倡的"追求卓越、敢为人先"的北中精神，也是叶校长当时提出来的。现在，北中依然坚持这样的历史传统，并在此基础上不断地开拓、创新，祝福我们的北中走向更辉煌的明天！

师者，所以传道授业解惑者也。在漫长的岁月里，这句古语被北中人一代又一代地传承着。北中很多的老师曾经是这里的学生，曾经的老师无微不至的关怀，让他们成长于斯，奋斗于斯。在老师孜孜不倦的教诲中，他们从懵懂青涩的少年变成今天独当一面的精英骨干，他们中有些人接过老师手中的接力棒，走上三尺讲台，开始全新的征程。

戚艳兴（原北中学子，2016年8月进入北中工作）：

我在北中度过了三年高中生活，现在又在母校的呼唤下回到北中工作，成为了一名光荣的北中教师，与曾经的师长并肩战斗。因此，我印象最深刻的莫过于北中精神。"追求卓越、敢为人先"八个大字，蕴含的是一种积极进取、精益求精、敢想敢为、力求争先的精神品质。北中精神不仅是我高中三年刻苦求学的巨大动力，还是激励我大学四年不断拼搏向前的精神力量。而今，有幸回到北中任教，北中精神也将成为我今后工作的行为动力。希望在这种精神的鼓舞下，我能够努力奋斗，尽早成为一名优秀的人民教师。

在学生时代，我在北中度过的三年时光是非常轻松快乐的。学习氛围浓厚，学风优良。老师认真负责，同学友好团结。可以说我在北中学得开心、玩得快乐。现在站在一个教师的视角来看，我觉得北中很注重学生的素质发展，在紧抓学生学科学习的同时，还开展了各式各样的课余活动。包括科技节、艺术节、运动会、成人礼等，这些活动大大促进了学生综合水平的提高。此外，北中还很注重学生眼界的开拓，积极与外校合作开展交流项目，为学生打开了一扇又一扇窗，让他们能够更好地认识和了解外界，拒做井底之蛙。所以，我觉得北中真真正正在贯彻落实着和谐教育的办学思想，在实行素质教育。

现今，我已成为一名北中教师，我将在北中精神的感召下，向优秀的前辈们学习，让更多新的生命在新北中留下更加精彩绚烂的新故事！

从学生到师者的转变，戚老师对北中精神的感悟有着自己的独特见解。在北中，每一位师者都在以自己的学识和才智，在北海大地上撒播着文明的种子。他们前仆后继创造的精神财富，高高树立起每个时代的精神标杆；他们燃烧自己，照亮他人，在传道授业解惑中，完成北海文明的交接和文化的传承。其实，在北中还有很多和戚艳兴一样的老师，有的甚至祖孙三代都在北中从教，和谐发展、薪火相传，这一个个平凡而又不凡的故事还在北中继续上演着。

三、家长眼中的和谐教育

家长评价学校活动，是改进办学思路、加强学校教育与家庭教育相结合的重要途径，也是实现学校和谐教育办学理念的重要举措。通过让家长评价学校的各项教育活动，有利于争取家长对学校教育教学工作的理解、支持和配合，有利于和谐教育理念的进一步深化。

（一）已毕业学生家长议和谐教育

赖叶昌（2015级李崇宇同学的家长，现就职于南珠汽车站）：

非常感谢学校对孩子的培养教育，给了孩子这么好的学习环境，让他能够在学校这个温暖的集体里接受教育长大成人。孩子生活在北中这个温暖的大家庭里，学校和老师给了孩子知识和力量，给了孩子无微不至的关怀，给了他充分发挥自己聪明才智的空间，我由衷地感谢学校和老师，真心为孩子感到幸福和庆幸。

对于北中的管理制度，我是比较认同的。学校各方面的教育教学活动，都会向家长介绍，尤其是家校联系这一块，通过校讯通的方式向家长汇报、反馈孩子的在校情况，这点最令我印象深刻。

在我看来，北中的老师与学生的关系、学生与学生的关系很值得一提。这里的老师，把教好班级里的每一个学生作为自己的职责。北中严谨的管理模式以及优良的校风，让每个学生为自己是北中一份子而感到自豪。

记得儿子到区里参加作文竞赛时说，"妈妈，我只怕自己不争气，我是谁，表现好不好，都没有关系，别人也不认识我，可是我胸前的这个校徽我可不能给它抹黑"。我常说，爱国的范围有点大，爱国就从爱家爱校开始，这些都是看得见摸得着的。北中做到了。

儿子班级里的同学，对于他们老师的称呼，也是别具一格：班主任罗宇华老师叫华姐，英语老师、数学老师都叫哥，历史、地理等老师都是自己的哥哥或姐姐。从这样的称呼中，我们也可以看出老师与学生之间的关系是多么和谐融洽。

一所学校最大的成功，就是让每一个学生不仅能够成材，而且能够成人，北中做到了。这正是一代又一代的北中人在和谐教育理念下，践行自己的教育理想的最好例证。

窦兴明（2015级窦一鑫同学的家长，现就职于北海市路桥公司）：

孩子在北中生活三年，各方面都有了很大的提高。北中不仅让孩子学到了丰富的知识，拓展了视野，提高了生活自理能力；更重要的是，培养了孩子正确的人生观、思想观和价值观，也让孩子的人格和人品更趋于完美。

孩子上高中时，常常跟我说，你不知道我们的老师有多么牛，多么认真。语文老师给我们开讲座了，语文的学习方法竟如此科学实用；化学题目我做不出了，化学老师只用了15秒就帮我解答了疑难；数学老师说我的方法有点繁琐，还有更好、更便捷的；我们班物理考得可好了，平均分考到了95分呢，物理老师说要"请客"；我们的英语老师教会我们怎样提高英语作文能力；我们的信息老师，我们的生物老师……每一天，他都把他的老师挂在嘴边，每一位老师带给他的都是快乐与欣喜。

我很感谢北中，感谢这里的每一位老师。说实在的，北中的老师很辛苦，晚上10点半以后还在学校办公的比比皆是，每一个晚自修，每一间办公室里都坐满了认真备课的老师。身教重于言教，教师的一言一行也在潜移默化中影响着每一位学生。

总之，北中是一所历史悠久的名校，校园环境优美。学校管理规范，非常注重学生行为习惯和能力的培养。教师爱岗敬业，具有很高的教学业务水平，且富有爱心。孩子在这里学习感到轻松、愉快，各方面能力都得到了提高，不仅学到了知识，还懂得了做人的道理，学会了与人相处，还在这里最终实现了自己的理想，我感到由衷的欣慰。让孩子就读于北中，是我们正确的选择。

在和谐教育理念的指引下，北中的教育水平不断提高，不仅这里的孩子成长成才，也得到了广大家长的好评。金杯银杯不如家长的口碑，北中和谐教育思想得到家长的赞誉、社会的认可，这是学校最高的荣誉。

（二）在读学生家长论和谐教育

潘云远（2017级谭思行同学的家长，就职于北海市公共就业和人才服务局）：

孩子在北中的这三年，最大的收获是变得更阳光、开朗了，这都要感谢班主任和科任老师对孩子的正确引导。孩子以前的思想较悲观，经常会胡思乱想，现在他变得积极向上，我们都能感受到他身上的正能量，也经常会被他所感染。这对孩子的一生都有深远的影响，孩子在校学习，不能只学习科学文化知识，要想他以后的人生顺畅，就要让他在学校学习一些做人方面的道理，因为这是能够影响他的一生的。

北中的管理较规范，比如在学校管理、住宿、学习等方面。在住宿方面，班主任和生活老师都非常负责：孩子以前不能按时入睡，现在在老师的督促下，能按时入睡，宿舍环境也相比以前好了很多，对孩子的入睡有很大的帮助。在行政方面，作为家长，每次来到学校都能感受到学校在管理方面规范了很多。在学习方面，孩子来到北中快三年了，我们看到了很大的变化，在班主任的引导下，他能积极、主动地学习，也改掉了以前一些较为懒散的生活和学习习惯。

这三年我的孩子在进步，学校同样也在进步。学校搬至新校区以后，从以前的走读制变为寄宿制，北中在转变的过程中有了很大的进步。作为家长，我很赞同让孩子住校，如果孩子走读，不仅会浪费一些时间，而且学习还会松懈，从我的孩子身上就能看到。从小学到初中再到高中，我也参加了不少孩子的家长会，但最让我觉得有意义的就是北中的家长会，因为以前开家长会，基本很少看到领导出现并讲话的，但在北中，每次家长会都有领导讲话，由此便可看到学校从上到下，从领导到科任老师对学生的学习和生活是非常重视的。

记得孩子升高中的时候，有人建议我们去南宁三中读，但我们觉得在北海也能受到良好的教育，北海也有学习氛围好的学校，我们对北中的领导、老师有信心，孩子通过三年的学习也验证了这一想法。

林建雄（2017级林汶怡同学的家长，现就职于北海市委统战部）：

小孩在北中就读近三年，我们觉得学校各个方面的管理正在慢慢进步，尤其是在宿舍管理方面，能保证孩子有足够的睡眠，学习就有了保障。

印象最深的就是学校能够为高三的学生创造一个积极良好的学习氛围，让他们能够在高考的压力之下感受到学习的快乐。

小孩在北中三年，最大的收获就是在老师的关怀和帮助下，她由一个不成熟的孩子逐渐成长为一个成熟、懂事的孩子，性格变得更加活泼、开朗，在学习和生活中都能收放自如，能较好地管理自己的学习和生活。而且通过住校，也慢慢地学会了自立，生活能力提高了很多。

毋庸赘言，家长们一致认为北中教师爱生如子、北中校园学习氛围浓厚、学校设备齐全完备等，这些为全面构建和谐的家校关系打下了坚实的基础，有力地促进了北中和谐教育的深化、落实。

四、校友眼中的和谐教育

追求卓越、敢为人先的北中人在和谐教育理念的指引下，薪火相传91载，为祖国培育了无数栋梁之才。91年来，他们在母校共同劳动、共同学习、共同生活，青春放歌，充实自我，留下了许许多多让自己、让母校难以忘怀的故事。重拾记忆的碎片，那份割舍不断的母校情结难以消解。

（一）已工作校友评和谐教育

许亮白（原北中学生，曾任人民医院副院长、党委书记）：

我入北中那年是很特殊的一年，当时刮大台风，把北海的大地刮得面目全非。当时北中的校园更是乱糟糟的，房屋倒塌，大树连根拔起，道路上全都是碎瓷碎瓦，一摊摊的积水堵住了校门口。台风带来的灾难景象，让大家根本没法上课。老师带领同学们，搬的搬，拾的拾，直到把校园收拾得干干净净，才坐下来上课。

在学校阶段，对我影响最大的事是劳动。20世纪五六十年代是我国的"大跃进"时期，也是学生劳动最多的时代。我和同学们去过大冠沙盐田担盐，去过西塘斩甘蔗，去过牛尾岭建水库。其中建水库是最有代表性的群众运动，有成千上万人在一个工地上工作。我是负责推小车的司机，每天推车十几个小时，手指都肿了，合都合不拢。中学时的劳动强健了我的体魄，为我以后的工作打下了良好的基础。无论是在中山大学时去中山县的制砖厂担砖，还是在"文化大革命"中下乡割麦子，都感到比他人轻松。

在北中，老师们都非常好。有两位老师给我留下了深刻的印象，一位是我的班主任冯祖毅老师，一位是我的语文老师陈明琇老师。冯祖毅老师对学生要求很严格，要学生诚实守信，做好人，办实事。不但教大家科学知识，而且教大家做人的道理，让大家立志做个有用的人。冯老师对我们十分关心，工作负责。他做过很多的试题试卷，为学生们找出最典型的例题。他常常找学生谈心，关心大家的学习与生活中是否有什么困难。在考试前夕，他比学生还要紧张，半夜睡不着觉。高考那天他也早早起床来到宿舍，带领学生到廉州中学的考场（当时是在廉州中学考试）。除了这些，他还查了许多资料，了解学生的情况，指导学生报考什么学校，选什么专业，这些基本都由他完成，学生都听他的。另一位陈明琇老师，他讲的古典文学课总是很生动、很有趣，我们到现在印象也很深刻。多首古诗词、古文，如《茅屋为秋风所破歌》《木兰诗》《卖炭翁》等，六十多年过去了，我还可以背诵，这主要是因为陈明琇老师教导有方。

吴志光（北中1965届校友，曾任北海市广电局副局长、北海市政府新闻办主任、北海市委对外宣传办主任、北海市人大常委、中共北海市委宣传部副部长，现任广西北海市老摄影家协会副主席）：

我毕业离开母校已有五十余年，但对当年学校的一些事情，仍然记忆犹新。20世纪60年代，我在北中完成了自己初中和高中的学业，度过了六年中学。六年的学习生活中有许多美好的回忆，那份难忘的母校情怀一直萦绕于心。60年代，各个班级都到农场去完成任务，有些任务艰难，同学们又缺乏经验，闹出了不少笑话。当晚霞的余晖洒下，大家围坐在操场上，体味着一天的辛劳，看着精心准备的文艺活动。

我学生时代的强项是作文写得好，我的作文常常被语文老师作为范文宣读。有一次，老师布置了作文题"难忘的一次课外活动"。我按照老师平时的教诲，写了我在农忙假时一次访贫问苦的事，很快就交了卷。两周以后的作文课上，老师先是对同学们的习作作出评价，提出了一些小批评。然后他把我的作文读了出来，边读边说这是一篇有血有肉的好文章。是我写的！全班同学都向我投以美慕的目光。我记得，这位老师是我当时高二的语文老师陈克瑜老师，他是个学者型的老先生。他上课时不是在讲台上站着讲，而是在学生课桌的通道上转着圈，一边走一边讲。有时是闭着眼睛，有时是仰头凝望着天花板。讲解文言文时，则是抑扬顿挫唱着讲。有时是激愤的表情，有时是微笑的神态，听者无不被他对作品的投入所陶醉，无不被他对教育事业的尽责而起敬。

那个时候，学校教育师生要"以天下为己任""先天下之忧而忧，后天下之乐而乐"。读书是为了做"又红又专"的人，将来要成为"国家栋梁"。所以校风正，学风好。没有人因读书环境不好而放弃学习，也没有人因经常劳动而怨话连篇。北中良好的校风培育出我尊师爱校、乐于助人、不怕困难、敢创敢拼的性格。我永远不忘母校的教导。在社会工作几十年，我无时无刻不回忆起在母校得到的教益，无时无刻不把在母校学到的知识、技能应用到实践中来。母校的校风像和煦的春风一直熏陶着我、鼓舞着我，让我认真读书，刻苦学习，报效祖国。

陈多（北中2000届毕业生，后考入清华大学，并获博士学位。毕业之后，入职位于美国硅谷的英特尔公司全球总部，并于2014年被破格提升为资深计算机硬件工程师和项目经理，2016年，被美国苹果公司聘为资深硬件工程师）：

我对母校印象比较深刻的是有一大片榕树，每次年级会议都是在那里开的。在北中三年，是很高效的三年，做了很多事情，完成了很多学习目标，对后来完成事业上的目标有很大的影响。北中重视素质教育，注重培养学生的个性，能在北中学习，非常幸运。还有一点是，北中给了我一个既轻松快乐又充实的三年。

我印象比较深刻的几位老师，一位是高一的班主任罗国成老师，他教物理，我初中的时候物理成绩并不拔尖，大概是高一下学期时才排到了年级第三，很感谢罗老师的谆谆教导。高二时，我在理科8班，遇到了彭绮蓉老师，她教语文。我的语文成绩一直不好，而彭老师用无限的耐心来帮助我，在高考前给了我很大的鼓舞，我高考语文成绩排在班级第一，其中少不了彭老师的循循善诱。彭老师学识渊博又为人正直，品德高尚，对我有诸多关怀，是我最无法忘怀的老师，就像我的第二母亲。影响较深的还有时任的叶翠微校长，叶校长很关爱学生，非常注重师生沟通，一个年级里大部分的学生他都能记住。记得高三时为了提高语文这个短板科目，我放弃了复习物理的时间，花了双倍的时间学习语文，导致一次考试中物理成绩大幅下滑，但彭老师和叶校长非但没有给我太多的压力，还一直鼓励我，帮助我稳住心态，调节学习时间的分配，这让我很感动。我记得在一个颁奖大会上，叶翠微校长亲自给我们颁奖，说"陈多，你是要考清华的"。随后他又预言了包括我弟弟在内的几个同学将来考上的大学，竟然有好几个都被证实了。北中给学生广阔的空间自由发挥，很注重环境育人；主张全面发展，不拘泥于课堂教学，还有很多课外活动来提高学生的综合能力。北中自身是个有着深厚底蕴的历史名校，有来自全国各地的热爱教育的老师，海纳百川，有优秀的生源、良好的学习环境。老师兢兢业业，学生勤勤恳恳，师生同乐，共同成长。

岁月如歌声声远，事业如棋局局新。91年来，在一代代北中人的不懈努力下，北中发生了翻天覆地的变化，教育事业取得了长足的发展。这一份份殷殷尊师情，一颗颗拳拳爱校心，足以看出北中和谐教育结出的累累硕果。

（二）大学生校友聊和谐教育

忆往昔，桃李不言，自有风雨话沧桑；看今朝，和谐发展，更续辉煌誉五洲。即将成才、走向社会的北中学子，对母校和谐教育理念最有发言权。

邹玥虹（原北中学生，现就读于华中科技大学）：

在进北中之前，我对北中充满了许多美好的幻想。古朴的校园，历史悠久的图书馆，家长赞不绝口的学长们，这一切都让我对北中充满了期待。

在北中学习的日子里，学习压力很大，尖子生之间激烈的你追我赶让人感到焦虑，特别是烽烟四起的高三战场。我的理综学得有些吃力，有时候一道题问了十几个人，自己翻了许多次课本，仍然很迷茫，感觉前面的路一片漆黑，看不到未来。但是，还好我有个特别学霸的同桌，他总是能很耐心地教我做题，并且总能一针见血地指出我不明白的点，他觉得解答别人问题的时候也能提升自己，感谢他的无私；还好有一个肝胆相照的闺蜜，可以互相倾诉分担心中的迷茫；还好有老师们贴心的关照，帮助我解决学习生活中遇到的种种困难，感谢他们的鼓励和耐心。

除了学习，其实北中还有许多丰富的课外活动，如各种社团组织的活动。记得高一我写了篇关于军训的文章，居然登上了校报，还给了我二十块钱的稿费，当时真是又惊又喜。收到鼓舞的我便毅然决然地进了校报编辑部，提前体验了大学生活中不可缺少的学生工作。

我觉得学校的方方面面都体现着育人理念，刚搬进新校区的时候吃饭特别不方便，即使是一下课就冲过去，也还是能看见大排长龙。每次吃饭都得花一个小时，太浪费时间。后来学校关注到这一问题，特地请了一批有经验的阿姨来负责学校的伙食。有了干活麻利的阿姨，我们的吃饭效率得到了很好的提高。学校的学习设备特别齐全，学习环境特别好，到处都干干净净的，而且几乎哪里都有空调。印象最深的还是学校实现了一卡通，所有的事情一张卡就轻松搞定了，真的是非常方便。母校践行着"和谐教育"的育人理念，采用了一套和大学一样的学分制，实现多元化教学，每一科目都需要修学分，让我们正视了一直以来不关注的美术、音乐、体育、研学等课程，使我们得到了全方位的发展。

北中为莘莘学子提供了优越的学习条件，配备了最优秀的教师，为孩子们走向美好的未来铺路。相信秉承着"追求卓越、敢为人先"的传统精神，践行着和谐教育的办学理念，学校一定会越办越好，培养出更多在学习和人格上同样优秀的学生。

姜楚元（北中学生，现就读于香港中文大学）：

我的父亲也是一名北中老师。三年之前，我以中考第二名的成绩考上了南宁二中，但在父亲的影响下还是最终选择留在了北海。在北中学习生活时，每每遇到困难我总会寻找父亲与其谈心说事，三年里父亲对我性格的塑造起到了很大的作用。我喜欢读书，在那个黑色六月，陪伴我最多的不是练习和试卷，而是一本本小说。有时候真的累了，晚自习也不想学习，就抱着一本小说看，这样可以使自己安静下来，而读书可以读到这种份上也让人从心里觉得开心，非常专注地去投入而且没有什么需要顾虑，特别自在。北中的老师非常优秀，我印象最深刻的是高二接管我们班的宁德芬老师。她的教学方法非常到位，表达能力很好，讲解水平也很高，非常善于抓细节，对于工作总是充满热情，比我们学生还要努力，尽职尽责。

诚如邹玥虹、姜楚元所言，作为和谐教育践行者的北中师者，宛若黑暗长夜中的明灯，他们以渊博的知识、深沉的师爱、独特的人格魅力引领着懵懂顽皮的孩童、意气风发的少年、朝气蓬勃的青年，一程程铺陈莘莘学子通往未来的路……

他们托起的不只是北中的今天，更是北中的明天。

（三）在读学生谈和谐教育

高中，是人生奠基的重要时期。作为学子人生观、世界观塑造的摇篮和他们走向社会的铺路石，北中以和谐发展理念为旗帜，成为莘莘学子生命中最珍贵的青春记忆，成为他们终身眷恋的精神家园。

陈庚瑜（北中 2017 届学生）：

在北中生活近三年，最大的感受是北中的条件真的很好，食堂的饭菜可口，样式丰富；宿舍、教室配备了空调，寒暑无忧；教学设备齐全，各种专用教室、实验室、体育馆等一应俱全；个人发展上，各类活动、比赛丰富多彩，极大地促进了学生的多向发展。

在北中的日子里，我不断成长，心智得到了锻炼，体魄亦然。我从校园学习生活的方方面面，不断得到经验与感悟，北中塑造了一个更为成熟、健康、优秀的我。

种种成绩表明，北中的育人理念是科学的，是符合时代要求与个人需求的。北中的教育方法也在日臻完善，其倡导的"追求卓越、敢为人先"理念对同学们提出要求的同时，也寄予了期望，激励着我们不断前进。

林广耀（北中 2017 届学生）：

北中三年，最大的感受无异于对这所现代化示范性高中的惊叹。高一到高二，丰富多彩的社团活动，以及校方举办的篮球赛、足球赛和更大型的科技节、艺术节、体育节等，无疑为我们的校园生活增添了诸多乐趣。当然，更彰显北中名校风范的，还属与众多国内外高中、大学的合作交流，像与美国华盛顿高中和南开大学等的交流，为学生提供了良好的舞台。

要说收获的话，个人感觉是在高一、高二积极参加活动，全面发展自我，到了高三又仿佛远离世俗喧嚣般回到最单纯、最安静的学习中，就像李波级长所说的，北中学生，大多到高三才发力。这种回归沉静、为梦想而拼尽全力的感觉，便是我的成长与成熟。

"追求卓越、敢为人先"这八个字贯穿了我整个高中的学习生活。北中的素质教育无疑是先进的、科学的，在注重升学率的大环境下，北中仍能尽其所能地为学生创造更为优质的学习环境，提供更为全面的学习资源以及更广阔的视野和舞台，让我们在高中三年全面发展，实现个人学业与未来规划的和谐共进。

如大多数人所说，高中三年是一个人人生观、价值观、世界观形成的重要时期。北中不仅教给了我们丰富的文化知识，更教会了我们正确做人行事的道理方法，引导我们成为一个健康、积极、乐观的人。无论将来我走到何处，都不会忘记北中老师们的谆谆教导，不会忘记北中人引以为傲的精神风尚。

91年的风风雨雨，打造了北中的古朴和沧桑；91年的漫漫征程，铸就了北中的坚韧和执着。在这段时间里，北中从未停止过追求和探索，我们秉承着中华民族传统文化的精华，也汲取着西方先进教育的养分，逐步形成了今天融严谨求实、好学善思的科学精神和敢为人先、追求卓越的人文精神于一体的和谐教育理念。我们深信，有冬的磨砺、春的追求、夏的奋进，就会有秋的收获，把北中办成广西一流、全国示范、国际知名学校的目标就一定能够达到，北中人将为此而不懈努力！

第二章

机构变革：重构和谐教育平台

第一节　学校组织机构的概述

"组织"在管理学上往往被定义为"确定执行工作任务和管理职能的机构"。正式组织就是根据编制、章程或其他正式制度规范而建立起来的系统。学校内部组织机构中的组织，是指正式组织而言的。组织机构就是组织的框架体系，就像人类由骨骼确定体型一样，组织也是由机构来确定其形状的。组织机构一般应当包括名称、职能、人员三个基本要素，学校内部组织机构就是学校内部正式组织机构的设置及其相互之间的结构关系。

一、学校内部组织机构的历史回顾

清政府时期，《奏定学堂章程》（1904 年 1 月）是政府颁布实行的中国第一个学校章程，史称"癸卯学制"。癸卯学制对当时学堂的组织机构和领导体制作出了比较详细的规定，形成了现代学校组织机构的雏形。

北中始建于 1926 年，由地方乡绅集资创办，初名合浦县立中学，由于当时只招生两个班（其中一个预备班），学校内部组织机构简单，仅设立了校长室、教导处。

1929 年 3 月学校更名为合浦县立第一中学，学校班级规模扩大为 10 个班，除原有的组织机构外，学校增设立了训育处，这是政治对教育的影响而引起的学校内部组织机构的变化。

抗日战争时期，学校虽四易校址，组织机构却相对稳定，1942 年政府颁布《暂行中学规程草案》，学校改名为县立一中"北海分校"，隶属合浦县。学校行政组织系统为：设校长 1 人，副校长 1 人，校长之下设教导处和总务处，各设主任 1 人，其中教导处主要协助校长管理全校教务及生活指导方面的事宜；总务处主要协助校长管理全校财物、供给等事务工作，两处主任在行政工作之余还要兼课。其后为了加强民主管理，学校设立了 4 种会议制度，即校务会议、教导会议、事务会议、全校职员及学生代表联席会议。

　　抗战胜利后，学校回迁北海，进入解放战争时期。学校内部行政组织继承了抗战时期的传统，但学校组织工作进一步加强：一是组织制度更加正规；二是突出教学工作管理，三是真正实现了教导合一。

　　1949年12月，北海解放，合浦县立第一中学更名为"北海市中学"，韩瑶初、彭景超分别任正副校长，全校十四个班七百多学生全部返校，其后不久市私立新民中学并入。新中国成立后，"军管会"派出干部到学校，组成校务委员会，取消了训导制度，设教务处和总务处。后来，学习苏联的经验，在学校管理中，强调"教""导"合一，改教务处为教导处。

　　1951年，教育部在第一次全国中等教育会议中规定"执行校长责任制和教师责任制"，明确了校长负责学校的所有工作。1958年中共中央、国务院发布《关于教育工作的指示》要求"在一切学校中，必须进行马克思列宁主义的政治教育和思想教育"，学校增设"政教处"，管理班主任工作和团队工作等，于是"教导处"仍改为"教务处"。

　　1963年，中共中央出台《全日制中学暂行工作条例（草案）》，规定"校长是学校行政负责人，在当地党委和主管教育行政部门领导下，负责领导全校的工作。学校党支部对学校行政工作负有保证监督的责任"。校长之下设教导处、总务处、办公室，成为很长一段时期组织机构的典型模式。1967年，中共中央、国务院、中央军委、中央文革小组发布《关于人民解放军坚决支持左派革命群众的决定》，学校把教导、总务等机构，改为政工、教育革命、后勤等组。撤销教研室（组）、取消班级建制和班主任制度，将师生统一按班、排、连、营建制编队。

　　1978年，教育部发布《全日制中学暂行工作条例（试行草案）》，明确实行"党支部领导下的校长分工负责制"，学校恢复了教导处、总务处，教导处下设各学科教研组。1981年，教育部、中国教育工会全国委员会联合在北京召开教工代表大会试点汇报座谈会，此后教职工代表大会作为教职工参与学校民主管理的形式逐渐形成制度。1984年，教育部发布《关于全日制普通中学学校领导班子调整工作的意见》，规定普通中学党政要分工，领导成员要少而精，实行党支部领导下的校长负责制。1985年，发布的《中共中央关于教育体制改革的决定》，学校实行校长负责制，建立和健全以教师为主体的教职工代表大会制度。

回顾北中组织机构的历史，我们可以看出，学校内部中层组织的设立主要是由教育教学目标和国家政治要求所决定的，其间的变化无非是个别机构的增减、分离或合并，基本的组织机构并没有根本性的变化。学校的内部管理体制直接影响决策机构的设立和职能，无论是校长负责制还是党组织领导下的校长负责制都是对学校中的决策机构职能予以规定，改革开放后高中实行校长负责制，既是政策的要求，也是实际的需要。北中持续了普通中学中层职能处室的一般模式：二室，即办公室、科研室；三处，即教务处、总务处、政教处。

二、学校内部组织机构设置的基本情况

（一）学校办学规模与组织机构设置

办学规模的扩大要求学校实行分权管理，因为管理对象的增加意味着管理部门和层次的增多，如果没有适当的分权，必然导致决策的缓慢和效率的低下。学校规模对内部组织机构有着重要的影响，规模大的学校要求具有更高程度的专业化和横向纵向分工的管理机构，规章制度也更多。

北海由建校之初的2个班，4个班，以至10几个班，逐步发展壮大，直至现在的70多个班，学校管理机构设置也发生了变化，由原来的校长室、教导处发展到办公室、政教处、教务处、科研处、总务处、安保宿舍管理处和信息中心等（"一室""五处""一中心"），功能逐步齐全，并且学校从2001年起增设了三个年级组，实行校长领导下的年级长分权管理。因此，学校规模的扩大，不仅需要增加教师，同时也要求增加专职管理人员，管理人员增加的直接影响是部门的增加，如学校搬迁前学生是走读制，搬迁后实行学生全寄宿制，管理和后勤服务部门分化，增设了安全保卫和宿舍管理处。

（二）学校办学理念、目标任务与组织机构设置

学校的组织机构是为学校的办学理念和目标任务服务的，如果学校的办学理念和目标任务发生了变化，组织机构也必然会有所调整。同一所学校在不同时期，也会因办学理念与办学目标不同，组织机构会有所差异。

1949 年 12 月，北海解放，合浦县立第一中学更名为"北海市中学"，一切百废待举，校长韩瑶初、副校长彭景超以整理恢复学校办学为目标任务，在条件十分艰苦的情况下，整理校容，招聘教师，开足了除公民、军训之外的所有课程，学校把管理教学与学校建设作为当务之急，增设了总务处。后来市私立新民中学并入，全面开展教学改革，设立了学科教研组，实行集体备课制度。1984 年，吴绍淞任校长，北中学校发展主题为"质量是生命线，发展是硬道理"，为服务这一主题，学校加强了教务处、学生处，配备一正两副主任。这些机构的设立正是为实现办学发展和目标服务的。

（三）学校环境、条件与组织机构变革

学校的组织机构必须与它的环境条件相适应。学校内部环境是学校自身办学的环境条件，即学校的环境条件是否支撑起学校组织机构的设立，如校舍好，教室宽敞，有学生宿舍、食堂等，这些就决定了学校是寄宿制，管理者就会设置相应的管理机构。学校的外部环境，包括学校上级教育行政主管部门和机构编制部门对学校内部组织机构有着至关重要的影响。如 2012 年《广西壮族自治区中小学教职工编制标准实施办法（修订）》的通知（桂编发〔2012〕5 号）所规定的学校编制数，对学校的组织机构就产生了一定的影响；又如 2014 年北海市教育局要求北中推进学校人事改革制度，并对学校中层机构提出了明确的规定。因此，学校必须根据内外环境条件的变化和要求，调整和变革内部组织机构。

第二节　学校组织机构的变革

一、学校组织机构的演变

教育是造就人才、实现国家目标的重要工具，因此学校教育制度的发展与变革是历史发展的必然，也是为国家的人才发展目标需要服务的。

北中组织机构也经历了一个分化与整合的演变过程，这一过程大致分为四个阶段。一是 20 世纪 20—30 年代，学校机构初步形成。这一时期，学校组织机构雏形为校长室、教务处、训育处、总务处，以及具有整合功能的会议制度，并设立了长塘山分校。二是从 20 世纪 30 年代中期至 40 年代末，一方面出现了能够体现"教训合一"与简化行政原则的教导处，另一方面军训制度也形成学校教育中的一环，在学校中固定下来，与学校行政组织并行，学校组织机构服务于学校的初步发展。三是新中国成立后的 20 世纪 50—60 年代，根据德、智、体全面发展的要求，设立了校长室、教务处、学生处、总务处以及团队组织。四是 20 世纪 80 年代实行改革开放政策后，学校改革也如火如荼地开展，随着学校规模的扩大与育人目标的变化，学校组织机构的功能更加齐全与人性化，这时的北中在原有处室的基础上，增设了办公室、科研室和电教中心，20 世纪 90 年代曾设立过校务委员会；2013 年北中搬迁后又增设了安保宿舍管理处，并将电教中心改为信息中心。因此，北中从 1926 年建校到现在，伴随着学校发展的历史变迁学校组织机构一直处在变革中形式。

二、学校组织机构的整体框架和功能

任何一所学校要想开展教育教学活动就必须要把学校的各类人员组织起来，构成一个有机系统，这个有机系统就是学校的组织机构。组织机构是组织活动的存在形式，而组织活动是组织机构存在和发展的动力和源泉，因此，有一个良好的组织机构才能保证学校的各种活动稳定、有序、高效地进行。

学校根据部门职能进行分工，通过规范化管理来实现管理目标。北中组织机构包括两大类：一是行政性组织机构，是为完成教育教学任务、维持学校的正常运转而设立的，其形式为校长室、办公室、教导（务）处、政教处、总务处等，各部门职责明确。二是非行政性组织机构，是为配合、监督、保障学校的各项活动而设立的，一般包括党、群、团组织等。

近年来，北中组织机构的整体框架如图 2-1 所示。

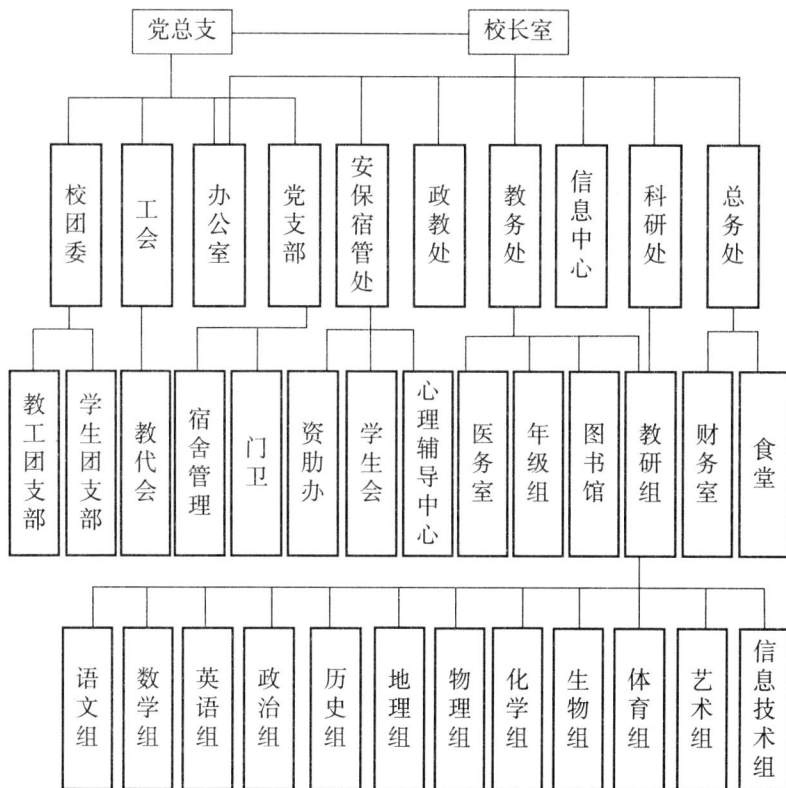

图 2-1　北中组织机构整体框架图

第三节　和谐教育理念下的组织机构运行

一、和谐教育对学校组织机构运行的要求

新课程改革使学校教育已进入了一个以多元化、个性化、选择和竞争为主要特征的时代，和谐教育理念的确立，对学校组织机构提出了新的要求。学校必须通过组织机构和管理的变革、创新来迎接挑战。

（一）树立和谐教育理念，建立正确的组织机构运行机制

学校组织机构作为学校管理的外在形式和组织教育教学活动的载体，不仅要注重教师的主导作用，更应关注学生的主体作用。学校组织机构的运行应明确以"培养和提高学生的综合实践能力"为核心，把和谐教育理念贯穿于学校组织管理工作中，根据办学需要设立学校组织机构，并在科学的规范下运行。在示范性普通高中评估检查之前，北中以"提高教学质量"为核心，设有办公室、科研室、教务处、政教处、总务处（"两室""三处"），学校中心工作就是提高学生高考成绩，一切工作为高考服务。但在示范性高中立项评估之后，学校办学理念和培养目标发生变化，确定了"一切为了学生的发展"的目标定位，着重培养学生综合素质和实践能力，为此，学校增加设置了学生培优与电教信息中心。

（二）走内涵发展之路，构建可持续发展的组织机构运行环境

在和谐教育理念的指导下，学校进一步完善学校内部管理机制。一是在课堂教学管理中大力营造民主氛围，狠抓有效教学，切实解决学生课业负担过重问题和提高教学质量，提高学生素质与能力，走内涵式发展之路。二是加强家校联系，围绕学生综合素质和实践能力这个核心任务，营造和谐教育大环境，突出强调课外家庭教育导向，分年级召开家长会与家长委员会，更好地为实现和谐教育的发展目标服务，适应大数据时代的需求，将学生培优

中心与电教信息中心合并为信息中心，旨在加强学校信息资源库的建设。

（三）坚持以人为本，实现和谐管理下的组织机构责任目标

学校的教育活动是一个有机的整体，如果把尊重、民主、关爱、亲和、融洽的精神贯注在每一个有机的因素和环节之中，就能最终形成一个统一的和谐的整体。为此，学校在坚持以人为本的前提下，各机构部门按规定完成定目标、定职责、定任务、定人员的"四定"任务，明确职责。按照职责目标及时检查、指导、考核评价和督查，从而使学校各项工作有条不紊地开展，教育教学管理井然有序。

二、学校组织机构运行的分析

（一）现行学校组织机构存在的合理性

在和谐教育办学理念的指导下，北中的组织机构发生了许多变化，不断趋向完善。

1. 学校中层部门管理职能明确，分工不分家。

在学校管理中，各部门分工明确，工作中互相补台。学校组织机构运行实行行政例会制。每周通过行政会议，讨论研究和协调安排学校近期工作。学校的行政职能工作呈垂直分布落实，做到"办事讲程序，考核有标准，沟通有渠道，管理有制度"。学校各处室工作职责内不找任何借口，职责外互相补台。学校的教学工作则通过三个平行的年级组织来贯彻实施。

2. 学校德育管理网络体系逐步完善。

德育工作是教书育人的关键，是学生成才的保障，北中倡导"环境育人，德育为首"。一是以政教处管理人员为核心，政教处副主任兼任年级党支部书记，以学生会与校团委为着力点，深入学生中，把握学生德育动态，制订完善的德育工作方案，加强德育工作的针对性。二是建立了一支责任心强、甘于奉献、工作踏实、作风正派、有进取精神的班主任德育工作队伍。

三是充分发挥家长的德育影响优势，强化家校联系，让所有家长参与管理学校，形成家校共管的模式。四是聘请社会监督员（由社区工、青、妇组织人员担任），通过问卷、电话、微信及网络等多渠道对学校德育工作的落实进行监督测评，构建全方位的德育教育网络体系。

3. 以人事制度改革为突破，探索新的组织机构管理模式。

2014年，北中作为市教育局人事制度改革的唯一试点单位，通过竞聘上岗，建设了一支年富力强的中层干部队伍，探索人事管理新模式，增设安保宿管处和信息中心；学校的绩效工资改革方案，经过15次讨论并广泛征求教职工意见，报请市教育局党委审核并经学校教代会审议通过，正式实施。人事制度改革和组织管理新模式，为学校和谐教育的实施打下了坚实的基础。

（二）现行学校组织机构对学校发展的制约

学校现行的组织机构存在一些缺点。一是专业化管理程度不高，管理人员都是学科教师兼任，没有经过专门的管理教育与培训。二是职能部门权力过于集中，如教务处管理着全校各年级、班级的一切教学事务，同时还负责学校的课程改革、教学工作计划和方案的制订与实施等。三是仍以垂直管理模式为主要形式，导致管理效率低下。校长管中层主任，主任管副主任，副主任管年级，年级管教研组、备课组，教研组、备课组管教师等。

这样的组织机构运行不利于和谐教育理念的实施。因为在这种组织机构之下，教师、学生、家长只能被动地接受领导的指示，服从命令，遵循秩序。主要的弊端是点多、线长、面广，难以实施有效的管理，而且由于管理的事务太多，牵扯了大量精力，工作疲于应付，问题得不到及时的发现和纠正，决策缓慢，效率不高，因而不同程度地制约了学校的发展。

第四节　学校组织机构未来的变革方向

一、和谐教育办学理念下学校组织机构的影响与重构

（一）和谐教育理念对学校组织机构的影响

教育的本质是促进人的发展。北中的和谐教育坚持以人为本，注重创新，"为学生的终身发展奠基"，不断优化育人方式，促进学生的全面发展。体现在组织机构上，就是要有相应的组织机构来完成下具体的管理任务。一是实施和谐管理，要求学校在和谐教育理念的指导下，实施以人为本的管理。具体体现在：领导与教师之间、师生之间、同事之间、同学之间，学校与家长之间、与兄弟学校之间、与社会之间，要形成"和谐顺畅"的育人氛围。二是实施和谐德育，努力提升教育的品位和教育的艺术性，帮助学生养成良好的学习与生活习惯，使学校成为真正的育人之所。三是实施和谐教学，即采用和谐的教育方法，教师生动地教，学生愉快地学，以提高课堂效率为中心，营造和谐的课堂教学氛围，完成和谐教育的教学目标、教学内容，营造愉悦的教学氛围。这样就对学生管理、教师管理以及学校文化等各方面都提出了更高的要求，那么相应的学校组织机构也将要进行重新调整与构建。

（二）和谐教育理念下学校组织机构功能的重构

为适应和谐教育的办学理念，达成学校教育的目标，学校的组织机构及其功能必须与之相适应。因此，必须做好以下几项工作。

1.机构设置的改革。

审视目前的机构设置，进行必要的合并、拆分、重组或增设。一是把存在职能交叉的部门进行合并重组，如首先把教务处和科研处合并，成立教学服务中心；二是把政教处、安保宿管处合并，成立学生服务中心等；三是实

现管理重心下移，增设各年级教学部，实施年级教学主任负责制，党支部设在年级，检查和监督年级教学目标的完成；四是对学校工会、家委会等非行政组织进行重组，成立学校参议中心。

2.机构命名的调整。

将学校合并重组后的 7 个中层职能部门名称作相应变更，旨在更为鲜明而准确地凸显机构性质、发挥机构职能。同时将"处"改称"中心"，强调组织机构变革的"去行政化"。详见表 2-1。

表 2-1 机构命名调整一览表

原机构名称	改革后机构名称	主要职能
办公室	党政办公室	党务校务、群团统战、人事劳资、文书档案、接待联络、信息信访、老龄计生、扶贫支教、文印收发、协调学校各部门工作
团 委		
教务处	教学服务中心	教学管理、师资培训、学籍管理、课改研究、课程开发、质量分析、学业评价、校刊出版
科研处		
政教处	学生服务中心	德育教育及研究、综治安全、普法卫生、学生社团、实践活动、抗灾抢险、勤工俭学、学生资助
安保宿管处		
总务处	后勤管理服务中心	财务管理、校产管理、物业管理、基础建设、物资采购、技术装备、食堂管理
财务室		
信息中心		宣传策划、形象打造、远程培训、数字规划、学校网站维护
年级组	年级教学部	教学常规、德育常规、课程实施、活动安排、日常管理、人员安排
教研组		

二、呼唤扁平化管理模式

（一）扁平化管理模式对实施和谐教育的意义

在不偏离学校制定的工作目标和发展方向的前提下，学校应放手让年级组去行使各项职能，使其能够及时收集并上报年级组的各类工作信息，让学校校长及时地了解并掌控全局国，最终让职能部门扮演好学校"总参谋"的角色。这种扁平化组织是一种分权式的机构模式，管理和控制的跨度较低，信息自由流通，有利于相关人员参与学校管理，能够达到最大化的管理和谐。

具体来看，扁平化的组织机构由于中间管理层次少，有利于教师、家长、学生和社会公众了解学校整体的运行状况和参与学校管理，有利于增大教师和学生自由活动的空间，有利于教师和学生实现自我管理，也有利于教师和学生的个性自由发展。总之，扁平化的学校组织机构是适合学校落实和谐教育理念的。

（二）扁平化管理模式对学校和谐教育发展的适切性

和谐教育的理念给学校发展指引了新的方向，在市场经济和新课程改革的形势下，学校要不断增强和提高教师的团队合作意识和协作能力，对教育教学中出现的问题及时予以解决。

1.扁平化管理使干群关系得到一定程度的改善。

学校领导下到年级，缩短了干群之间的距离，拉近了干群之间的关系。同时使领导和教师紧密联系在一起，管理层能随时掌握和了解教师们的思想动态、困难和意见，这样，不仅利于干群之间的沟通和交流，还有利于问题的及时解决。

2.扁平化管理使学校组织机构运行灵活、反应迅速。

在学校管理中，解决一线教师和学生所遇到的困难和问题是第一要务，年级主管人员均由本年级教师担任，密切了与教师、学生的联系，一旦发现问题，有权有责立即将问题在基层解决，年级的决策也可直接在本年级中得到第一时间的落实。

3.扁平化管理使年级团队的工作主动性得到增强。

由于实行了年级团队负责人责任制，责、权、利明确，"我的地盘，我做主"，年级团队之间的竞争局面能够有效形成，各个年级团队犹如站在同一起跑线上的运动员，在竞赛中谁也不甘落后，在年级之间形成了比、学、赶、帮、超的良好竞争态势。

总之，实施年级团队负责制与学校扁平化管理模式的改革与实践，是对传统管理体制的一次重大改革，是实现学校扁平化管理模式的有效途径。它使学校管理真正达到精细化、科学化和规范化，与和谐教育的发展一脉相承、互促互进。

三、扁平化管理的组织保障

党支部建在年级，每个年级都有校级领导分管督导，年级长作为学校中层正职参加校行政会议。中层职能部门为级部做好全程服务工作，即计划先行、过程协调检查、终端评鉴反馈。在学校总体目标的框架内与年级级部确立工作任务目标体系并约定最终所要达成的绩效，然后再赋予年级级部相应的职权，以保证年级与学校工作方向的一致性。目标责任书内容包括教学管理目标、教师的教学研究和业务能力提高目标、学生常规管理目标、本年级学生各种活动及能力提高目标、教学质量和学生学习能力培养目标、年级配合学校中心工作及其他方面工作的责任、学校职能部门对级部工作的保障责任与奖惩内容等。同时加强过程调控，不断关注年级级部的工作进展，保障资源供给，学校中层职能部门与党支部负责给予指导与监督，确保年级管理目标的落实。

四、顺应"互联网+"的时代需要

2015年，李克强总理在十二届全国人大三次会议的政府工作报告中首次提到"互联网+"这个新概念，那么对于中国教育领域，"互联网+"又意味着什么呢？意味着学校组织机构的变革方向、教育内容的持续更新、教育样式的不断变化、教育评价的日益多元，一言以蔽之，中国教育正进入到一场基于信息技术的伟大变革中。

以和谐发展为目标的北中，是选择合适的课程和学习方式以适应学生的发展，还是让学生适应固化的学校？这个问题是未来学校变革的关键所在。互联网所具有的实时多媒体通信功能，完全有可能打破学习组织的地域限制，为学生提供针对性和个性化的反馈与服务。

"互联网+"第一次纳入国家经济的顶层设计，意味着"互联网+"时代的正式到来，教育只有顺应这一时代的需求持续不断地进行创造性的变化，才能走向新的境界。面对"互联网+"时代给出的新机遇新挑战，每一个教育工作者都必须坚定信心、解放思想、聚精会神、锲而不舍，全力打造出领先世界水平的"网络新教育"。学校是传播知识、培育人才、服务社会的重要基地，学校的和谐对社会的和谐具有强大的辐射作用，而和谐的校园才能内动力十足，才能更好地履行教育职责，为大学和社会培养、输送德、智、体全面发展的人才。建设一个公平公正、文明高雅、充满活力、协调发展的和谐校园，是一个复杂的系统工程，制度建设是其中不可或缺的重要一环。

第三章

制度创新：贯穿和谐教育理念

学校是传播知识、培育人才、服务社会的重要基地，学校的和谐对社会的和谐具有强大的辐射作用，同时和谐的校园才能内动力十足，才能更好地履行教育职责，为大学和社会培养和输送德智体全面发展的人才。建设一个公平公正、文明高雅、充满活力、协调发展的和谐校园，是一个复杂的系统工程，制度建设是其中不可或缺的重要一环。

近年来，北中在制度建设方面作了积极探讨。走过了几个重要的发展阶段。

第一阶段：完善制度，开启和谐模式，2003年5月被确立为自治区首批示范性高中。

第二阶段：公开校务，促进和谐发展，2009年12月顺利通过自治区示范性普通高中建设复查评估。

第三阶段：多维互动，提升和谐品质，2013年8月北中整体搬迁至金海岸大道新校区，制度管理再上新台阶。

第一节　以完善制度开启和谐模式

北中始建于1926年，一代代北中人始终秉承"诚、毅、勤、朴"的校训，自强不息、锐意进取，取得了显著的办学成绩，在北海市乃至全区树立了当之无愧的教育品牌。在此基础上，北中明确提出了和谐教育的办学思想，倾心致力于"创百年强校、育一流人才"，以创建区首批示范高中为契机，在市委市政府的关怀和市教育局的领导下，狠抓制度建设，推进规范管理，确保了北中教育教学秩序有条不紊地进行，教学质量逐年提高，和谐教育的管理模式初见成效。

一、求真务实，完成管理制度汇编

学校规章制度是全体师生必须共同遵守的规章、规定和规范。它是党和国家的各种方针、政策、法律在学校日常工作、学习和生活等方面的具体体现，是实行科学管理，办好学校的重要保证。学校建立健全规章制度有助于建立正常的学习和工作秩序，有助于调动师生员工的积极性，有助于学校形成良好的校风。

从 20 世纪 80 年代开始，基于学校发展、内涵提升、班子建设、队伍打造和教育形势的需要，学校认真贯彻执行国家的法律法规和教育政策，求真务实，结合本校实际，制定出适合本校的规章制度。如建立完善了学校行政管理制度、人事制度、资产管理制度、财务制度、教学管理制度、教研和科研管理制度、学生管理制度等。特别是经过教职工多次充分讨论，完成了《北海中学教育教学管理制度汇编》。这是北中管理规章化、制度化的重要标志，凝集了北中多年来的教育教学管理经验。有了这本教学管理制度汇编，北中的教育教学工作就有法可依，有章可循。办学方向也更加明确，思路更加清晰，管理更加规范、科学与精细。可以说，《北海中学教育教学管理制度汇编》是北中实现和谐教育的办学目标的起点。教职员工通过认真学习学校管理制度汇编，自觉遵守岗位职责，认真执行各项规章制度，在新老教师的交替耕耘下，北中校风优良、环境优雅、成绩优异，为实现管理和谐、师生和谐、教育教学和谐打下了坚实基础。

二、精细管理，实行分级管理

学校管理不仅是建立、健全制度的过程，同时也是执行落实制度的过程。建立了一系列好的制度，如果在管理中不去严格执行、落实或管理不到位，制度就会形同虚设，就会成为一纸空文。

为保障管理渠道，上下联动，责任到人，落实到位，学校追求管理工作的精细化，实行校长统揽全局，分管教学的中层及中层以上领导蹲点各年级组、学科组，将责、权、利纳入教师的目标考核，考核结果与每年的评优、晋级直接挂钩。为增强任课教师的工作目标意识、责任感和荣誉感，学校制定了"教学目标及奖励办法"，设立了高考上线指标奖，用切实可行的奖励机制激励教师全面发展。学校坚定不移地抓教学常规的落实，蹲点领导深入班级，落实管理细节，狠抓三个"五认真"，即教师备课、上课、精选与评改作业、辅导、考查"五认真"，学生预习、听课、复习、作业、应试"五认真"和教学管理听评课、教学反馈、常规检查、组织考试、数据分析"五认真"。

在学生管理方面，修改完善了德育管理制度，年级长、班主任岗位职责，师德建设规定，宿舍长管理制度，学生行为规范制度，学生干部管理制度，学生违规管理制度等一系列管理制度，实施全方位管理。并将各项管理制度上墙，形成人人知晓、人人执行的良好局面，使学生的日常管理工作有章可循，保证了学校教育教学的有序发展。

三、注重反馈，开启和谐管理模式

制定管理规章制度本身不是为了限制师生的思想，束缚师生的手脚，而是为了通过广大教职工的自觉性来维护制度的公正、公平，来规范我们的行为，来提升学校教学管理层次，这才是我们的初衷。基于这一管理理念，学校在办学中注重听取师生的意见和建议，注重反馈整改落实，按照"师生员工得实惠"的原则，急广大师生所急，想广大师生所想，集中精力解决突出问题和事关师生的实事。"废、改、立"制度共计 13 项。

（1）废除了教职工早中晚签到制度，实施弹性坐班。给教师们更多自主学习、充分备课的时间。

（2）修改完善了班主任奖励制度、教师考勤制度、教师激励机制、学校固定资产管理制度、食堂卫生制度、学校卫生室管理制度等 6 项制度。

（3）新建了物理实验室仪器设备管理制度、外来人员管理制度、心理咨询室管理制度、心理咨询保密制度、教师考勤补充制度、教育科研课题管理制度等 6 项制度。

各项制度的"废、改、立"工作顺应了学校改革发展的新形势，体现了稳定性与前瞻性的结合。在"教育以学生为主体，办学以教师为主体"的制度建设理念下，全面梳理和认真分析规章制度在执行中的问题，及时调整，赢得了师生的一致好评。

　　总的来说，建章立制是学校发展的先决条件，学校通过让制度规范人，让制度引领人，让制度激励人，用"立规矩"来"促发展"，促进了学校的科学发展，起到了规范师生、激励师生、引领师生的作用，确保了学校各项工作卓有成效地开展。

第二节　以公开校务促进和谐发展

　　好的管理、好的制度能否得到认可和实施，关键在于实施过程是否发扬民主作风。北中在制度建设上始终秉承"人本、民主"的决策理念，推行校务公开，求真务实，协调运转，促进学校制度建设进入和谐发展新阶段。

　　2009 年 12 月，在举国欢庆新中国六十华诞之际，北中顺利通过了自治区示范性普通高中建设复查评估，这既是对学校教育教学工作的全面检验，更是对学校协调运转、和谐办学的教育教学成果的充分肯定。

一、完善教职工代表大会制，倾听教职工心声

　　北中在通过自治区示范性普通高中建设复查评估后，更加重视教代会组织的自身建设，不断健全和完善教代会制度，使之发挥应有的作用，实现学校管理的民主化。学校坚持每学年定期召开一次教代会，坚持每学期根据学校工作实际需要召开不定期的教代会和民主生活会，使教代会代表参与到学校各项民主管理工作中来。

　　在每学年教代会上，代表们认真审议《校长工作报告》《学校财务工作报告》以及其他重大事项工作报告。教代会代表们通过审议、修订、表决，形成决议，以此增强教职工的主人翁意识，集思广益，统一认识，动员全校师生齐心协力推进学校改革与发展。

二、制定健全校务公开制，赢得师生的信任

学校根据实际情况制定了校务公开的实施方案和细则以及各组织机构工作制度，如教代会工作制度、校务公开制度、工会工作制度、党政干部监督制度等。为了有效地推行校务公开工作，逐步完善学校工作管理，学校采取有力措施，制定了《北海中学校务公开民主管理工作的实施方案》，明确校务公开原则及内容，公开的形式及时间、程序等，严格按照等级评估细则的要求，及时公开与学校发展、与师生切身利益密切相关的事项，保证校务公开工作落实到实处。

坚持公开标准，增加工作透明度，学校组织有关部门和人员制订推行校务公开制度实施细则，确定校务公开形式，使校务公开形成制度化、规范化。学校每学年制订校务公开计划，对照学校校务公开制度，学校结合实际情况，确定了公开内容，一事一表，保障教职员工的知情权、管理权、监督权。

（1）学校重大重要问题及事项的公开。把学校的重大事项、重点问题公开，如办学思想、发展目标、学校改革方案和规划，学校人员的聘任、职务任免，学校制定的规章制度条例、意见措施等。

（2）教职工评优、评聘透明。把教职工关心的问题公开，如评优、评先、职务晋升、工资晋级等。学校各级各类先进评选（含年度考核评优）和专业技术职称晋升评选，均采用先量化评估推荐，再进行集中研究决定产生的方法，做到公平、公正、公开。

（3）经费收支、物资采购公示。如学校的财务情况、物资采购情况、经费收支、教职工福利分配方案、教师考勤情况等均实行逐月或按季度公开。

正因为校务的公开透明，学校发展面临的问题，推动实施遇到的困难，都慢慢得到了教师们的理解和认可。校务公开成为维系校园和谐可持续性发展的重要保障。

三、落实考评监督机制，激发教职工热情

为落实和检查校务公开工作的成效，激发教职工爱校建校热情，学校通过以下途径接受监督和评价，不断调整思路，促进和谐校园建设可持续健康发展。

（1）全员接受考评。学校领导班子、中层干部每年都要接受一次教师全员考评。请全校教工参与评判、打分，以提高干部的责任感和使命感。

任课教师每学期接受一次全班学生考评，以提高教师的育人素质和事业心，并且民测结果与期末教育教学综合评估奖励相挂钩，奖励先进，激励后进。

（2）接受师生反馈。学校除设校务公开信箱外，还另外设立校长和书记信箱，对学生存在的问题，教师的教学情况，学生或家长可以通过信箱和热线电话向校长和书记直接反映或陈述自己的观点和想法。

（3）定期召开家长会。北中成立了家长委员会——家长与学校沟通的桥梁。学校每学期至少召开一次家长会，请家长参与监督，使学校的各项工作都能健康稳定、科学有序地快速向前推进。

学校还定期不定期地召开骨干教师座谈会、青年教师座谈会，倾听教师们的心声。不同形式的民主体现了学校领导班子坚持走群众路线，依靠群众的决心，和谐校园焕发着新的活力。

第三节　以多维互动提升和谐品质

建章立制为学校发展打下了坚实基础，校务公开为学校民主管理提供了有力保障。但随着中层班子的老化，学校管理力量出现了不足，2013年9月，学校整体搬迁至金海岸大道新校区，成为寄宿制学校，也对学校管理提出了更高要求。如何使学校发展再上一条快车道，适应新的办学形势，北中近几

年在制度建设上作了多方探索和实践，走出了一条管理建设新路，可谓亮点不断，在和谐教育的大道上越走越广阔。

一、大刀阔斧进行人事制度改革

为建立符合学校发展特点、适应学校发展要求的人事管理制度，进一步深化学校人事制度改革，引入竞争激励机制，充分调动广大中层干部和教职工的积极性、创造性，优化中层干部队伍结构，提高教师队伍的整体素质，建设一支勇于进取、德才兼备、结构合理的中层干部队伍和一支师德高尚、业务精湛、充满活力的教师队伍，增强学校管理效能，提升学校整体办学水平和办学质量，北中于2014年开始了大刀阔斧的人事制度改革。

（一）统一认识，发动参与

实行人事制度改革，牵扯到每个教职工的切身利益，必须统一认识，方案的制定、操作要公正与公平，注意走群众路线，让教职工代表参与讨论修改，并经过领导小组成员会议审议通过。要及时向教职工宣传解释有关政策和方案，争取广大教职工的支持和参与，推动人事制度改革工作的顺利开展。

（二）民主监督，程序合法

学校成立北中人事制度改革工作领导小组、北中人事制度改革工作监督组，负责人事制度改革工作的组织管理和监督工作。

中层干部选拔工作小组成员组成：通过民主推荐的形式，3个年级和教辅后勤分为4个小组，按照比例选举产生。各小组组长由校级领导兼任。成员共30名，按照校级领导、中层领导和年级长除外的在职在编教职工人数（201人）约15%的比例产生。其中，高一年级教师代表9名，高二年级教师代表8名，高三年级教师代表10名，教辅后勤职工代表3名。

其中，小组成员中如有参加中层竞岗工作的，则退出领导小组。空缺人员由相应年级（教辅后勤）按照在成员推荐投票中本小组得票数居前的教职工递补产生。

（三）德才兼备，公开竞选

人事制度改革的每一项工作推进都充分发挥学校党总支的政治核心作用，做好深入细致的思想政治工作。工作方案通过教职工代表大会等多种途径征求意见。改革过程中及时总结经验，对出现的矛盾和问题认真研究，坚持任人唯贤、德才兼备的原则，坚持群众公认、注重实绩的原则，坚持注重实际、实事求是的原则，坚持公开、公平、公正的原则，扎实推进、分步实施。

（1）召开领导小组全体会议，研究制定中层干部选拔工作方案的基本思路。

（2）制定《北海中学中层干部选拔工作实施方案》，明确中层岗位设置、任职条件、选拔方式、时间安排以及对现任中层干部考核评价结果运用、纪律要求等。

（3）按照实施方案，对现任中层干部进行考核，并对通过考核的中层干部重新定岗和任命。

（4）组织开展空缺中层岗位竞争上岗工作。

由全体在职在编教职工选举产生中层干部选拔工作领导小组成员。全体教职工采取无记名方式对现任中层领导进行考核评价。领导小组成员对符合条件的现任中层领导进行考核并对通过考核的中层干部进行定岗、任命。空缺的中层干部岗位面向全校教职工进行竞争上岗。通过以上程序，配齐配强学校中层干部队伍。

通过历时半年的准备工作和组织实施，学校选出了一批德才兼备，深受教职工认可的中层干部，在学校教育教学中发挥着重要作用，为和谐校园添加了浓墨重彩的一笔。

二、稳步推进落实绩效考评方案

为推进北中人事制度改革及绩效工资制度顺利实施，加强教师队伍建设，进一步激发教职工的工作积极性、主动性和创造性，根据上级有关文件精神以及事业单位工作人员收入分配制度改革的有关规定，结合学校实际，特制定该实施方案。

（一）指导思想

以邓小平理论和"三个代表"重要思想为指导，深入贯彻落实科学发展观、党的"十八大"精神和各级教育大会精神，全面贯彻党的教育方针，以服务和促进教育的科学发展为目标，以提高教师队伍素质为核心，以促进教师绩效为导向，着力构建符合教育教学和教师成长规律、导向明确、标准科学、体系完善的教师绩效评价制度，促进广大教师为全面实施素质教育、办好人民满意的教育贡献智慧和力量。

（二）工作原则

（1）坚持"不劳不得、多劳多得、优绩优酬"的原则。奖励性绩效工资以工作绩效考核结果作为分配的主要依据。只要没有岗位绩效考核结果，就不能参与奖励性绩效工资分配发放。

（2）坚持"公正、公平、公开"的原则。奖励性绩效工资考核分配的全过程公开，切实做到公平、公正。

（三）考核内容与实施的办法

1.教师教育教学工作绩效考核。

主要考核教师是否履行《中华人民共和国教师法》《中华人民共和国教育法》等法律法规规定的教师法定职责，以及完成学校规定的岗位职责和工作任务的实绩，包括师德和教育教学教研的实绩。

2. 班主任工作绩效考核。

重点考核班主任对学生的教育引导、班级管理、组织班集体和团队活动、关注每个学生全面发展的情况。包括加强对学生人生观、价值观的正确引导，培养学生良好的学习、行为习惯，注重学生心理健康，营造良好班风学风，关注落实困难学生帮困措施等方面。

3. 教辅工勤岗位等工作人员的绩效考核。

主要考核其政治表现、工作服务态度、履行岗位职责和完成工作任务的情况。主要包括几个方面的内容：德，主要考核遵纪守法、政治思想和道德品质表现情况；能，主要考核业务素养、能力水平表现情况；勤，主要考核履行岗位职责和完成工作任务数量、质量、效率及产生的效益和贡献情况。

4. 行政管理人员的绩效考核。

主要考核在教育教学过程中的工作岗位职责履行情况。主要包括五个方面的内容：德，主要考核政治、思想和道德品质以及依法治教表现情况；能，主要考核业务技术水平、领导管理能力的运用发挥，分析、解决问题能力，组织协调科学决策、开拓创新能力，驾驭全局、处理事务问题的能力；勤，主要考核工作作风、工作态度和勤奋敬业的表现；绩，主要考核履行职责情况，完成工作任务数量、质量、效率、改革与发展所取得的成效；廉，主要考核遵守廉洁自律若干规定，清正廉洁、以身作则情况。

5. 师德及有关出勤方面的考核。

主要考核其政治表现、师德、工作服务态度以及教职工的各种出勤情况。

北中教职工绩效方案的制定实施，坚持定量考核与定性考核相结合，平时考核与年度考核相结合，保证考核激励制度的实际效果，把教师职业道德、教育教学工作实绩作为考核重点。考核结果作为绩效奖励分配的重要依据。探索建立教职工末位淘汰、调岗和交流制度，通过强化教职工绩效考核，建立起"能者上，平者让，庸者下"的"优胜劣汰"的教职工管理体制，发挥评价制度的激励和正确导向作用，体现"多劳多得"的分配制度，充分调动了各类人员的积极性。

三、创新"师生相融"的评价制度

1.对学生的评价:多元多层,实行学分认定和综合素质评价。

现代社会所需要的人才不仅只是学业成绩优异,还需要有应对发展和挑战需要的综合素质。评价是教育教学活动中极为重要的一环,有效的评价能促进学生健康、全面地发展。在新课程改革的实施过程中,促进学生发展的评价是课程标准的一个非常重要的环节。要使每一个学生都在原有基础上得到充分的全面的发展,不仅要关注学生学习的结果,更要关注学生的学习过程。

北中在创新学生的多元评价制度上,主要是由过去的教师单独评价,转变为提倡多主体参与评价,鼓励学生本人、同学、家长等参与到评价中,建立以教师、学生、家长共同参与的评价制度。实现从单一到丰富,从静态到动态,从鉴定到激励,从结果到过程的多元化评价体系。例如,从必修和选修课程学生学分的认定,以及道德品质、公民素养、学习能力、交流与合作、运动与健康、审美与表现等进行多元多层素质评价。

评价标准的转变,改变了仅以分数论成败的单一评价方式,对师生关系的改善,学生自身的和谐发展,都起到了积极的促进作用。

2.对教师的评价:增量评价,实施课程教学质量评价体系。

近年,学校出台实施了《北海中学教学业绩评价方案》,体现发展性评价原则,采取"以入口定出口""以起点看变化"的增量评价新标准。同时继续完善学生满意度调查表,并通过充满人文情怀的学生"期末小纸条",实现了从简单打分到感受教师专业素养、人格魅力的转变。使师生关系更和谐、更融洽,也在一定程度上促进了教师的专业发展。

总之,从制度建设上看,北中实现了由建章立制的初级发展阶段向校务公开、上下齐心、协调运转阶段的转变,进而乘新课改和新校园搬迁的东风,实现了向创新发展的更高层次的迈进。正如美国知名学者麦克尔·波特所说,管理有三个层次:第一层次是让员工把事情做规范,第二层次是让员工成为该职位上的专家,第三层次是让员工感受到工作是一种生命历程,感受到生命因工作而快乐。学校管理与企业管理虽然有很大的不同，但二者在目标和手段等方面又有很多相同之处。参照麦克尔·波特的理论，学校制度管理也同样存在着三个层次：第一层次是让教师按部就班把事情做规范，第二层次是让教师成为专家型的教师，第三层次是让教师在自己的岗位上诗意地成长。

91 年的办学历史，历代北中人砥砺相继，薪火相传，走出了一条从制度建设到制度完善，从制度管人到文化熏陶人的发展路径。从具体实施情况看，从制度建设到文化建设，从规范管理到人文关怀，仍有一段更长的路要走。但相信有了和谐校园这一经过数代北中人不懈努力已然形成的良好办学氛围，我们一定能实现从人管人到制度管人，进而上升到文化管人的更高飞跃，从而实现从约束到激励、从有形到无形、从"北中要求我这样"到"我是北中人，我的形象就是北中'诚、毅、勤、朴'形象"的文化自觉！这是我们的方向，也是我们的使命。

附件 1:

北海中学教师教育教学绩效考核评价表

一级指标	二级指标	评价标准			评价渠道	评价分值
		A 等 100%	B 等 80%	C 等 60%		
师德规范（一票否决）	1. 违反国家的法律、法规，向学生传播不健康和错误的思想，或宣扬封建迷信和歪理邪说，或参与、支持非法组织的集会或活动				办公室调查核实	
	2. 讽刺、挖苦学生，体罚或变相体罚学生的，损害学生身心健康，造成恶劣影响				政教处调查核实	
	3. 利用教师身份徇私舞弊，收受家长的贿赂或向家长和学生索要财物				政教处调查核实	
	4. 以牟利为目的向学生摊派学习资料				教务处调查核实	
	5. 不履行岗位职责，无故不完成教育教学任务，造成教学事故，造成不良影响				教务处调查核实	
	6. 在教学、考试、教科研、评优评先评职中弄虚作假和利用网络等造谣惑众				办公室调查核实	

续 表

一级指标	二级指标	评价标准			评价渠道	评价分值
		A 等 100%	B 等 80%	C 等 60%		
一、师德素养（10%）	1. 职业理解（2%）	2	1	0	自我评价	
	2. 教书育人（3%）	3	2	1	学生评价问卷	
		·				
	3. 关爱学生（3%）	3	2	1		
	4. 为人师表（2%）	2	1	0		
二、团队协作（10%）	1. 任课老师与班主任的合作（5%）	5	4	3	班主任评分	
	2. 教研组长与教研组教师的合作（5%）	5	4	3	教务处评分；教研组长评分	
三、工作状况（40%）	1. 完成岗位工作情况（15%）	15	12	9	教务处评分	
	2. 完成教学工作量情况（10%）	10	8	6	教务处评分	
	3. 专业发展（10%）	10	8	6	科研处评分	
	4. 出勤情况（5%）	5	4	3	办公室评分	

续　表

一级指标	二级指标	评价标准			评价渠道	评价分值
		A 等 100%	B 等 80%	C 等 60%		
四、工作业绩（40%）	1. 教学成绩（30%）	30	24	18	教务处评分	
	2. 学生评教（10%）	10	8	6	教务处评分	

附件 2：

北海中学任课教师教学评价问卷调查

以班为单位，对本班教师进行学生满意度调查，满意度在 90% 以上评为 A 等 10 分，满意度在 80%～90% 为 B 等 8 分，满意度在 70%～80% 为 C 等 6 分，满意度在 70% 以下为 D 等 0 分。如任教多个班取平均值。问卷格式如下。

北海中学教学调查问卷（　级班）

亲爱的同学：

你好！这是一份关于任课教师教学情况的评价表，采用无记名方式，请放心作答。每个单项最高可打 10 分，最低不少于 6 分，高于 10 分或者低于 6 分或有空白处未填完均视为作废问卷。你的回答对于师生彼此间增进了解，共同进步有很大的意义，请在每个序号对应栏里填上你认为合适的分数，非常感谢你的合作！

序号	项目（满分100分）	语文	数学	英语	物理	化学	生物	政治	历史	地理	体育	信息
1	备课、上课、批改作业和辅导认真负责											
2	不讽刺、挖苦、歧视学生，不体罚或变相体罚学生											
3	循循善诱，因材施教，不以分数作为评价学生的唯一标准											
4	严于律己，以身作则；衣着得体，语言规范，举止文明											
5	热爱学习，视野开阔											
6	学生参与课堂活动或发言机会多											
7	教学方法灵活，善于启发学生											
8	语言表达准确，清晰，逻辑性强											
9	每堂课重点突出，讲练结合											
10	课堂气氛活跃，秩序井然											
得分（总分）												
你可以对某些学科老师提一点特别的建议和希望：												

附件3:

北海中学教师专业发展考评细则

项目		考评标准	权重	考评单位	考评依据	自评	复评
1.参加教研活动	备课组	按要求参加每周的集体备课活动，无假不到一次扣1分，事假一次扣0.5分	5分	备课组教研组	查阅备课组活动记录		
	教研组	按要求参加教研组活动，无假不到一次扣1分，事假一次扣0.5分	5分	备课组教研组	查阅教研组活动记录		
	听课	每人每学期听课不少于20节，缺一节扣0.5分	5分	备课组教研组	查阅教研组活动记录、听课笔记		
2.参加继续教育培训	校内培训	按要求参加学校各处室安排的集中学习培训活动，缺席一次扣1分，事假一次扣0.5分	5分	教务处政教处科研处	查阅各处室培训考勤表		
	市级培训	按要求参加市教育局、教科所安排的集中学习培训活动、远程培训活动，缺席一次扣1分，事假一次扣0.5分。远程培训考核不及格的扣5分	5分	教育局教科所教务处政教处科研处	查阅参加各类市级培训的考勤表、考核结果		
	外出培训	学校派出参加学习、观摩、培训、比赛的教师，外出学习归来后要在组内或全校交流共享学习经验，并上交外出学习心得；缺一项扣1分。学期内没有外出培训任务的教师，此项赋满分	5分	办公室科研处教研组	查阅办公室、科研处外出记录及专业上交记录		

项目		考评标准	权重	考评单位	考评依据	自评	复评
3. 参与校本课程开发	担任课程	高一、高二年级教师按要求担任一门选修课程，不担任课程的本项为0分。课程繁重的教师可免上校本选修课	5分	教务处	查阅教务处课程安排表		
	编写教材	担任选修课程的教师要有教材、教案、上课考勤、成绩登记，缺一项扣1分	5分	教务处	查阅教务处课程完成情况记录表		
4. 参加课题研究	级别	国家级、省级立项课题3分；市、校级立项课题2分。参与者均可得分	3分	科研处	立项批复通知申报表		
	方案	方案规范、内容充实，有理论意义和现实意义，操作性较强3分；方案一般2分。参与者均可得分	3分	科研处	组建论证小组论证		
	实施	每学期有体现课题思想的公开课；每学期有课题研究记录；每学期召开学生座谈会或进行学生问卷调查分析；每学年交一篇课题小结。每项2分，缺一项扣2分	8分	科研处	查阅有关资料		
	材料	有较完整的课题档案材料；有阶段小结或有中期检查或有结题鉴定。每项3分，缺一项扣3分	6分	课题管理部门	查阅有关资料		

项目		考评标准	权重	考评单位	考评依据	自评	复评
5.教科研成果	指导学生获奖	获全国性一、二、三等奖得10、9、8分；获省级一、二、三等奖得8、7、6分；获市级一、二、三等奖得6、5、4分；获校级开课优、良、中得5、4、3分。（多人的可累加，最高不超10分）	10分	科研处	证明交流材料		
	赛课获奖或各级公开课	获全国性一、二、三等奖得10、9、8分；获省级一、二、三等奖得8、7、6分；获市级一、二、三等奖得6、5、4分；获校级开课优、良、中得5、4、3分。承担国家级公开课或讲学任务，得10分，承担区级公开课或讲学任务，得8分，承担市级公开课或讲学任务，得6分。承担校级公开课或讲学任务，得3分。（多次的可累加，最高不超10分。赛课指导教师也适用本条）	10分	办公室科研处	获奖证书、办公室证明		
	论文获奖或发表	获国家级一、二、三等奖得10、9、8分；获省级一、二、三等奖得8、7、6分；获市级一、二、三等奖得6、5、4分；获校级一二、三等奖得5、4、3分。重点刊物（CN、ISSN）发表（含专著出版）10分；一般刊物发表8分；市级以上刊物发表6分；校级刊物发表5分。（多篇的可累加，最高不超10分）	10分	科研处	获奖证书		
	其他综合奖项	获国家级先进奖项得10分；获省级先进奖项得8分；获市级先进奖项得6分；获校级先进奖项4得分。（多项的可累加，最高不超10分）	10分	办公室科研处	获奖证书		

第四章

课程多元：彰显和谐教育特色

第一节　课程建设的历史进程与现实背景

一、课程建设的历史进程

课程是对育人目标、教学内容、教学活动方式的规划和设计，是教学计划、教学大纲等诸多方面实施过程的总和。北中课程随着国家教育部的课程计划变化而变化，主要经历了以下三阶段。

（一）1999年以前

1981年，学校实行文理分科，重视语文、数学、英语学科，开始开设劳动技术课程。1990年，执行国家教委（现已改为国家教育部）《现行普通高中教学计划的调整意见》，在高二文理分科前减少公共必修课教学内容，加大文理科选修课程，同时明确规定将课程结构调整为学科课程和活动课程两部分，学科课程以必修和选修的方式进行。当时学校最具优势的学科是英语学科，在活动课程方面最具特色。这在一定程度上解决了学生偏科、知识结构不合理、课业负担重的问题，但问题没能从根本上得到解决，尤其是片面追求升学率这一通病。1995年，开始增加了艺术课程，主要是音乐课程。

（二）1999—2012年

学校贯彻落实《中共中央国务院关于深化教育改革，全面推进素质教育的决定》，根据《全日制普通高中课程计划（实验修订稿）》和《基础教育课程改革纲要（试行）》的精神，开始执行国家、地方、学校三级课程管理体系。广西较早试行高考改革，试行3+X（大综合）。学校有一段时间实行了跨文理选修，增加了研究性学习、信息技术以及地方课程和校本选修课程，重视社会实践等综合实践活动。研究性学习以科技节的形式开展，学生参加青少年创新大赛成果尤其丰硕，在多门课程持续发展的同时，英语学科继续保持优势。

（三）2012 年以来

2012 年，广西最后进入高中新课程改革，学校全面梳理了多年来课程建设方面的成果，借鉴外省市发达地区的经验和教训，站在新的高度，开始确立了全新的课程体系。

二、课程建设的现实背景

（一）区域位置

北海市是国家首批 14 个改革开放的沿海城市之一，但城市经济发展缓慢，远远落后于其他改革开放城市。近几年广西最发达的城市是自治区首府南宁，北海与广西其他地区如柳州、桂林等老牌经济和文化都发达的城市差距也不小，值得庆幸的是，交通、通信越来越方便。随着政策的变化，北海作为沿海城市，不能享受河池、百色、柳州等山区少数民族地区学生的政策照顾。虽然我们学校有自己的特色，但是学生和家长有了更多的选择，北海中学作为广西首批 16 所重点中学和首批 20 所示范高中的优势越来越不明显。如何通过课程体系的建立来保持北中的优势地位成为我们的当务之急。

（二）教师状况

在 20 世纪 90 年代中期，北中将初中剥离。一部分不适合教高中的老师调离北中，同时，面向全国引进了大批优秀教师。到 20 世纪末，北中重新开办民办公助性质的北海外国语学校，部分高中教师也分流到初中部，这时候北中的教师队伍达到了一个前所未有的高水平状态。

2010 年，初中部再次停办，大多数初中教师却未能分流，而改教高中，再加上学校不断扩招，教师补给面临较大困难。近几年来，教师招聘形式改革，全市统一，北中招进的教师整体来看学历提高了，但是素质却参差不齐，教师整体素质有待提升。

2013 年，北中搬迁到离市区 15 公里之外的龙潭村，没有教师周转房，没有小学和幼儿园以解决教师孩子的读书问题，教师也没有更多的时间帮助家里，种种原因造成教师思想波动，不愿意承担更多的教学工作。尤其是要在新课程改革活动中主动进取，开发优质课程，提升教学理念等方面，困难更多，难度更大。教师如何走好专业发展道路，如何根据学校教师实际情况，打造学校的课程体系成为我们工作的重点。

（三）生源分析

北中的生源在不同阶段不尽相同，但基本上来自北海市区。20世纪90年代之前，北中的生源来自现在的海城区和银海区，高中每个年级大约6个班350人，这时候的生源整体还是比较好的。到了90年代，逐年扩招，尤其是从1996年学校初中部剥离后到2003年前，基本上保持在每个年级10个班600人左右。这段时间的北中，生源中开始有大批移民后代，生源质量进入了最好的时期。

2003—2012年，北中生源逐步发展到每个年级17个班。2013年搬迁新校区后，发展到现在的每个年级24～26个班。预计到2020年，高一新生将达到1700多人，每个年级达30个班，全校学生总数将达到5000人。近年来，因为交通及通信的发达，北中生源中的优秀层有了更多选择，大约有30～50名最出色的学生选择不在北海就读，而选择了南宁、桂林等城市。从2009年开始，北中的定向招生指标达到80%，市辖区毕业生10000人左右，排名前3000都有机会就读北中。北中生源可谓尖子不再尖，中间不再强大，底层众多。

在北中作为广西首批重点中学的时代，全市只有少数学生能到北中上学，他们几乎可以称为天之骄子，全校一种模式的课程结构也基本符合当时大多数学生的需求。但是近年来，生源水平参差不齐，仅仅用文理分科两种选择已经不能满足广大学生的需求，如何开发适用于更多学生的课程，成了学校必须面对的问题。

（四）社会期待

北中作为一所有着 91 年办学历史的名牌中学，北海人一直以来都给予了学校很高的评价。尤其是 20 世纪八九十年代到 21 世纪初，学校创造了辉煌的业绩。直到现在，北中依然是北海市区最好的高中。虽然不少优秀学生选择到市外名校就读，但就读北中依然是绝大多数家长心目中的理想选择。优秀生源流失造成了尖子断层问题，如何在这种形式下通过课程改革重新铸造辉煌是北海市民的期待，也是学校的使命。

（五）办学愿景

创立 91 年以来，经过几代人的艰苦努力，北中形成了和谐教育的办学理念，具体表现为"追求卓越、敢为人先"的北中精神，"为每个学生的成功奠基"的办学目标，"勤思善学、视野开阔、勇于创新、敢于担当"的育人目标，"诚、毅、勤、朴"的校训，"和谐、开放、创新"的办学特色，最终要把北中打造成"广西一流、全国知名的北部湾名校"。为此，北中如何在这样的育人目标下构建独特的课程体系自然是一个更高的追求。

第二节 课程建设的理念与构想

一、课程建设的理念

（一）课程建设必须成为学校核心工作

1. 课程与学生。

课程的基本理念就是时时处处有课程。正如美国教育家杜威所说，"生活的内容就是教育的内容"；另一位美国教育家华特·科勒涅斯也说过，"生活的世界就是教育的世界，生活的范围就是课程的范围"；我国人民教育家陶行知也曾指出，"教育要通过生活才能发出力量而成为真正的教育"。

广义地看，凡是有助于学生学习、生活、交往乃至成长的各方面教育内容，均可纳入课程的范围。学生的学校生活就是教育或者课程的基本内容，不仅包括学生的知识学习、能力培养、素养孕育和人格养成等方面的内容，还包括学生之所以成长、成人、成功的所有方面。

学校必须从校园环境建设、教师队伍建设、校风学风建设等多方面把学校打造成学生成长的基地。

2.课程与教师。

课程是教师专业发展的体现，课程的开发展示了教师的水平和价值，也是教师事业成功与幸福的标志。如何调动全体教师，充分挖掘其课程开发的能力，是学校领导最重要的能力之一。

没有教师也就没有课程，有了教师的提高才有学生的提高，才能推动学校的发展。加大教师培训，改变教师教育观念是学校课程建设的关键。

3.课程与学校。

课程的影响力，决定学校的影响力；学校的创造力，取决于课程的创造力；学校的生命力，取决于课程的生命力。课程的建设就是学校的建设，校长的核心工作就是学校的核心工作。

为了学校的发展，为了教师的成长，为了学生的进步，无论从哪个角度，学校都要重视课程的建设。校长的课程建设能力也就是校长领导力的具体表现。

（二）课程体系必须丰富多元

通过构建开放多元、充满活力的课程体系，为学生提供更加自主、更具个性、更多选择的成长环境、教育资源和专业服务，让学生的潜能得到全面充分而又自由地发展，尽最大可能实现学校的培养目标。

如显性课程与隐性课程，显性课程要重视，隐性课程更要重视。如国家课程、地方课程和校本课程，国家课程要夯实，地方课程要有特色，校本课程要丰富。国家课程的文化基础必修课程要满足全体学生的需要，选修课程要满足不同层次学生的需要，甚至满足极具优势的少数特优学生的需要。八大领域课程中，语言与文学、数学、人文与社会、科学、技术、体育与健康、艺术和综合实践，前四项为高考课程很重要，后四项为非高考课程但同样重要。如艺术课程，艺术鉴赏要开设，艺术创造也要开设；如综合实践，研究性学习体现创新精神，社会实践和社区服务要培养学生融入社会的能力，全都要齐备。

（三）课程体系须体现北中的办学特色

依据学校的办学目标，"为每个学生的成功奠基"，打造"广西一流、全国知名的北部湾名校"，就一定要打造具有广西特色、北海特色、北中特色的课程体系。根据学校的培养目标，"为每个学生的成功奠基"，我们理解的"成功"最核心的要素是"勤思善学、视野开阔、勇于创新、敢于担当"。我们也是围绕这几个核心要素来设置课程体系的："勤思善学"侧重于善于学习——有态度，懂方法；"视野开阔"侧重于学习的内容——夯基础，有广度；"勇于创新"侧重于开拓发展——能合作，敢争先；"勇于担当"侧重于融入社会——有责任，会做人。

二、课程的基本结构

（一）课程建构的基本思路

根据北中的学生培养目标，针对国家课程、地方课程和校本课程三级课程管理的体系特征，我们把课程整合为以下几种形式。

1. 文化基础课程。

这部分课程主要是以国家必修课程为主，加上与升学相关的限选课程。基础课程以帮助学生打好坚实的知识、技能和思维基础为目标，为学生更加自由的发展提供条件。我校与全国及本区其他地市的学校的情况不一样，在教材选择、模块教学内容调整等方面都有许多工作要做。学校要求各高考学科教研组都要制定一个本学科课程校本化的指导意见，意见要从校情、学情分析入手，就各个模块的开设、教学及评价作出具体的说明。基础课程采用行政班分层的方式组织教学。

2. 个性禀赋课程。

这部分课程主要针对不同爱好、不同层次的学生的不同需要而开设，既包含"语文与文学""数学""人文与社会""科学"四个领域的9门国家课程高考学科的内容，也包含"技术""艺术""体育与健康"三个兴趣领域的学科内容，力求充分挖掘学生的潜能。设置的课程丰富多彩，如既有面向学力特优学生的奥赛辅导，也有人文学科的加深强化，还有体育、艺术、技术等个人兴趣爱好的辅助。个性禀赋课程主要采用分类分层走班的方式组织教学。

3. 合作创新课程。

这类课程包含研究性学习、社会实践和社区服务，属于必修课程，主要是培养学生学会学习、学会生活和学会做事等能力。主要采用校内校外相结合、班内班外相结合、大课小课相结合、分组合作等主要方式来学习。研究性学习集中学习，课题或项目研究则分组分3次完成。学习的部分时间安排在校内正常上课期间，另一部分时间则安排在校外放假时间。多采用小组合作，指导老师可以是本校本班教师，也可以是校外的老师，通常以4～6人的小组合作完成。社会实践分校内实践、校外实践两种，主要是以参加社团的方式完成。社区服务就利用假期在校外完成。

4. 立身做人课程。

这其实就是德育课程，这类课程非常丰富，除了文化课堂的德育融合，还包括学校环境文化的德育熏陶，更主要的就是专门安排的各种德育活动。德育活动主要是以各种系列的方式系统落实。如品德教育系列、人生发展系列、健全人格系列等，形式多种多样，多以主题形式、活动形式来完成。如"国旗下讲话""班会""级会""节日庆祝"等，学校根据参与情况和参与效果来进行评价。

以上四类课程涵盖了国家课程、地方课程和学校课程三个层级，也包含了显性课程和隐性课程两类表征，既有必修课程也有选修课程，既有学科课程也有活动课程。既符合我校师生的实际，也符合国家的意志，既区分又统一，既多元又和谐。

（二）课程的基本框架

"四维三级"和谐课程体系如图 4-1、图 4-2 所示。

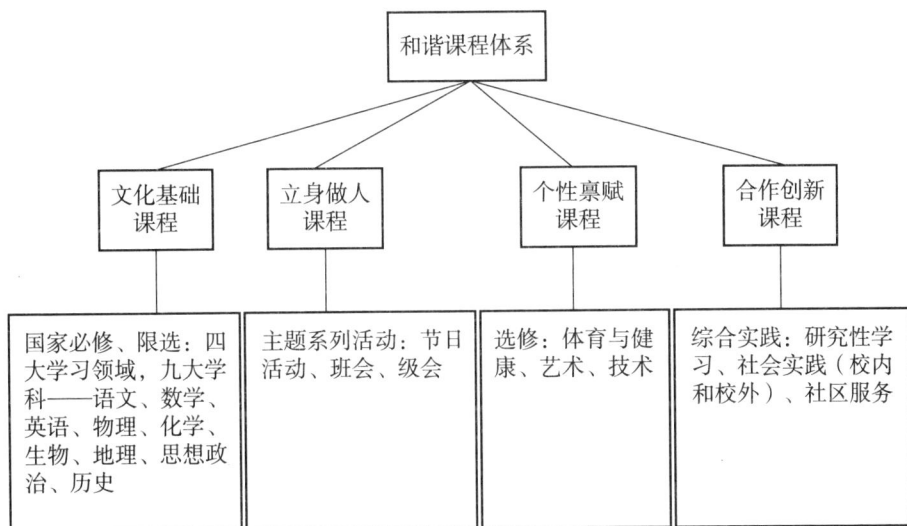

图 4-1　和谐课程体系（一）

四维：文化基础课程、立身做人课程、个性禀赋课程、合作创新课程。

三级：文化基础课程是全体学生高中三年必须要完成的，立身做人课程就是品德修养塑造，是要求所有学生共同修习的，属于"共性"，是为第一级；个性禀赋课程是为了适应不同兴趣、不同层次的学生而开设的，合作创新课程表现为善学创新争先，每个学生表现出不同的"个性"，是为第二级；个性禀赋课程和合作创新课程中的学生虽各具风采，但只有少数同学能成为中间的佼佼者，如社团或组织的创立者、领导者，研究性学习课题的组长，奥赛学科的高等级奖牌获得者等等，成为优秀中的优秀——"唯一"，是为第三级。

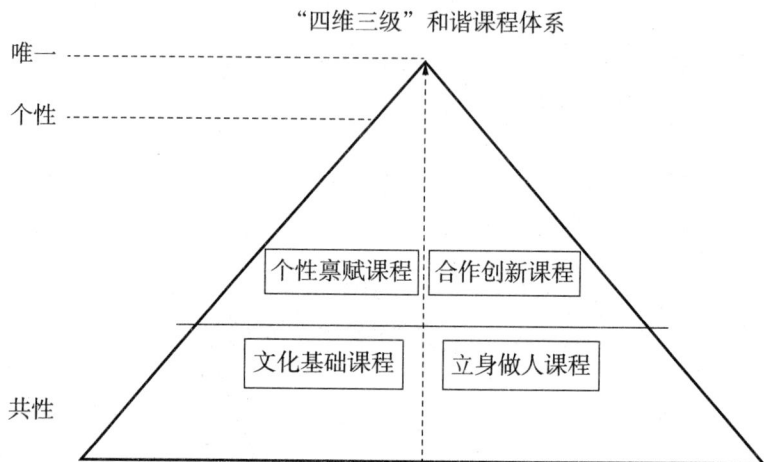

图 4-2　和谐课程体系（二）

第三节　多元课程的开发与实施

一、多元课程的开发

　　教务处作为学校的课程管理部门，同时也是课程的开发部门，根据学校的课程规划，除了指导教师进行基础课程的校本化工作外，重点放在校本课程的开发与管理上。在校本课程开发方面应注意如下几个方面：

　　（一）充分了解学生需求

　　学校每一年都面向学生做一次"你最想学校开设的课程"的调查，为新学期的选修课程开课做好准备。学生的需求对学校的挑战很大，一是涉及的面非常广，如三年前有学生要求开设 cosplay 课程；二是很多课程学校没法开设，有些是硬件条件不够，有些是没有这样的师资。前者如游泳、机器人制作，学校没有场地和实验室；后者如日语、法语、德语等外语，学校没有这样的师资。

（二）充分挖掘教师潜能

教务处根据学校的课程体系和学生的需求，制订课程规划（开课计划）并发到教师手中，要求教师根据自己的情况开发课程，填写课程开发登记表。

教师课程分为以下几类：一是课堂选修教学课程，二是社团（社会实践指导）辅导课程，三是研究性学习指导课程，四是讲座课程。每位教师填写的课程开设计划表，学校予以存档，每学期根据不同年级的课程需要和教师的实际情况安排教师参与课程的实施。

（三）合理运用课程资源

1.教师资源。

学校新校区离市区较远，合理运用课程资源主要是充分挖掘并使用校内资源，同时也量力使用校外资源。如选修课聘请了本市教研员余春萍老师给同学们上"京剧演唱"；讲座课程聘请将北中作为生源基地的高校专家、教授开设各种类型的讲座，每学期有两三次。近年来作过讲座的高校有南开大学、西安交通大学、华南理工大学、哈尔滨工业大学、西北农林科技大学、河海大学、中国传媒大学等。每年高考填报志愿前夕，我们都请来招生考试院的领导、专家作志愿填报讲座。多年来，北中还聘请了外籍教师上英语口语课，除此之外，还聘请校外教师何健上书法课。

2.物质资源。

校内方面：选修课充分使用图书馆、实验室、体育场（馆）、计算机室、音乐室、舞蹈室、多功能室、听力考试室等场地。校外方面：在社会实践课方面，北海园博园、珠海路老街、银滩、金海湾红树林、海底世界、海洋之窗、工业园区、海军基地、北海福利院、北海市科协、北海市中等职业学校、广西海洋研究所等等，都是我校的重要活动基地。

二、多元课程的管理

（一）做好学生选课工作

由教务处编写课程计划（《选课手册》），班主任担任具体指导。学校从新生进校就开设了心理健康校本必修课，并要求心理教师用专节上职业规划，为学生选课和选科进行辅导。

（二）做好走班管理工作

我校积累了一定的走班管理经验，目前已经比较成熟。

（1）上课教师的职责落实。要求教师必须在关键环节上一个都不能少，基本要求是像班主任一样负责所有事务，不能把自己的身份等同于传统的科任教师，只管上课不管其他。重点工作如下：

①第一堂课要上好。编好座位，每次必须按照座位表坐，不得随意换座位。落实好班干部人选，有各种负责人，能在特殊情况下联系得上教师和学生，尤其要做到在没有教师的情况下，班级不乱。

②每次上课必须做好考勤及教学情况记录的工作，无论有无缺勤，必须在当天内上报教务处。教务处及时把缺勤等特殊情况通报到原班主任。

（2）学校及年级加强巡堂，严格管理，让学生形成良好的习惯，认真学习，不迟到，不早退。

（3）选修课的走班以年级为单位，不跨年级，以防止跨度太大，造成管理不便。

（三）做好课程与教师的评价工作

学校对选修课的教材使用或编写、教案撰写、作业布置与检查、考试等都有严格要求，每学期都要做至少一次教案检查，并做好评价等级记录的工作。每次课程结束前都要进行一次教学调查，根据调查评定教师工作，并与绩效考核挂钩。评出每个学期的优秀课程，予以表彰。凡是做了课程开发并实施的都予以记入业务档案。学校根据课程类型的不同在课时津贴计算上也有所体现，尤其鼓励教师们挑战困难，开发大学先修课程。

（四）做好学分认定工作

所有显性课程纳入学分管理，含选修课、综合实践（研究性学习、社会实践和社区服务），每门课程一个模块评价一次，由备课组长负责统一制定学分认定细则，对不合标准的评定，组长有权调整，保证公平合理。在获取学分的同时还要评出等级，所有获得学分的学生均进行公示，不能获得学分的必须参加补考。综合实践课研究性学习按照要求要做三个课题，每个课题评一次，一次得 5 个学分；社会实践分三次评，每次得 2 个学分；社区服务分两次评，满 10 个工作日得 1 个学分。评定学分的原始资料必须齐全，含考勤记录、作业记录、课堂表现记录、平时成绩等，综合实践课重点要有参与记录，如社会实践和社区服务必须有相关单位和个人的意见，并签字（盖章），保证真实。

三、多元课程的实施效果

（一）提升了办学品质

和谐多元课程体系的建立与完善，使学校的办学品质得到极大的提升：办学目标更加清晰，办学理念更好地体现，培养目标更好地落实，教师团队得以更好地建设。学校的工作更加有计划性和主动性，更能找得到重点和中心，教学研究更有实效，教学质量也更高，得到了社会的好评。特别是新校区搬迁以来，大量扩招学生后，不同层次的学生都得到发展。创新班学生就是和谐多元课程体系的最大受益者，学校为他们量身打造的课程体系成效十分明显。有人奥赛夺金，有人创新大赛拿奖，有人有科学发明专利等。首届创新班高考成绩也非常辉煌，一人裸分上清华，一人上香港中文大学，全班平均分达到 621 分。

（二）提升了教师素质

教师工作有了更加明确的方向，有了更大的动力，专业水平有更大提高。学校以前在奥赛方面比较薄弱，现在学校鼓励教师开设大学先修课程，担任奥赛教练。于是一批年轻教师有了干劲。最近，学校物理和数学两门学科竞赛成绩显著，有两位同学获得自治区奥赛复赛一等奖，指导教师都是刚毕业不久的年轻教师。

（三）成就了学生成长

几十年来，学校培养了一批又一批优秀学生，可谓人才辈出。尤其是实施素质教育以来的近20年，学校学生考上大学，走入社会，深得各界好评。学校的社团活动，从20年前三大社团"海贝""时空""海韵"发展到现在的"双节棍""辩论社"等几十个。学校的节日活动，如5月4日的"成人节"、4月23的"读书节"、12月9日的"红歌合唱节"、元旦的"通宵晚会"、高考前100天的"高考壮行日"等，同学们参与的热情都很高。科技节、体育节、艺术节等更是同学们展示的舞台、热议的话题。

1. 部分选修课程。

人文底蕴	唐之韵	中国各民族民俗文化	钱钟书《围城》品读
	中国传统文化十讲	行走在风景里的那点历史	英美文学选读课
	文学史上的神仙眷侣	电影世界里的罪与罚——电影里的人生哲学	远方和诗——外国诗歌名家及其传奇人生
	李煜诗意人生	我愿意活在宋朝	《曾文正公家书》选读
科学精神	平面几何选讲	无机推断	现代科技生物专题
	高一快乐化学学习——化学提分请跟我来	从爱因斯坦到霍金的宇宙	有机化学
	高一物理培优	生活中的绿色化学	基础教程
	趣味物理	寰宇地理之伟大工程巡礼	基因工程

续 表

学会学习	听歌填单词	高中历史思维导图设计	
	演讲与口才	思维导图	高中数学思想方法
	速　算	高中化学计算技巧	
健康生活	太极拳（初级）	围　棋	基础素描
	篮球裁判规则	吃货的健康人生	放松训练
	人体生理卫生	啦啦操	创意素描
	食品营养与健康	气排球技术	食物的奥秘
	乒乓球的推挡	男子足球基本技战术训练	民谣吉他
	野外生存求生与技能	桥牌入门	音乐与戏剧表演
	彩色铅笔画	经典动画作品鉴赏	中国象棋
	网球基本技战术训练	饮食与健康	基础乐理
	音乐表演中的合作	管弦乐合奏	
责任担当	旅行在英国	走遍美国	欧美影视欣赏
	英语影视剧赏析	魔戒之旅——电影中的西方文化	英国人文历史探究
	影视剧中的地道美国俚语	国家和国际组织常识	大国崛起
	苏共亡党亡国的历史教训	中国区域地理之沿海地理	新中国历次战争概述
	美国俚语：影视剧中的俚语表达	国　防	

续　表

	毛线钩织	女　工	剪　纸
实践创新	简易甜品制作	社交礼仪	彩墨画
	果蔬美食制作	化　妆	微电影欣赏及制作
	十字绣制作	数码单反摄影技术	明天，你好——创新思维与实践

2. 创新大赛获奖项情况一览表。

时　间	作　品	等　级
2004 年	《海洋的"保护神"——红树植物白骨壤对赤潮预防作用初探》	全国创新大赛二等奖 自治区创新大赛一等奖
	《南康糖厂废水排放对珍珠养殖业的影响》	自治区创新大赛二等奖
	环保自动分类垃圾箱	自治区创新大赛二等奖
	步行机器人	自治区创新大赛二等奖
2005 年	断水自停节水水龙头	自治区创新大赛二等奖
	多功能测圆器	自治区创新大赛二等奖
	跨步触电演示器	自治区创新大赛二等奖
2006 年	《南美白对虾生态养殖新模式初探》	自治区创新大赛一等奖
	《海水浓度自动化调节装置》	自治区创新大赛一等奖
	《关于苯并芘危害的研究》	自治区创新大赛二等奖
	《合浦汉墓群的保护与开发》	自治区创新大赛二等奖
2007 年	《不同饵料对方斑东风螺幼体培育成活率的影响》	全国创新大赛三等奖 自治区创新大赛一等奖
	"不锈钢防盗网"防撬报警器	自治区创新大赛一等奖
	《关于北海市电动车报废蓄电池潜在的危害及解决措施建议》	自治区创新大赛二等奖
	颗粒种子播种器	自治区创新大赛二等奖
	《关于儒艮在北海的生存状况及保护的调查研究》	自治区创新大赛二等奖
	简便翻谱器	自治区创新大赛二等奖

续　表

时　间	作　品	等　级
2008 年	广西北海海草床的退化与海草人工培养初步研究	全国创新大赛三等奖 自治区创新大赛一等奖
	资源再利用新型涂改液	全国创新大赛三等奖 自治区创新大赛一等奖
	浅探北海方言	自治区创新大赛一等奖
	草坪革新品种的引种鉴定实验	自治区创新大赛一等奖
	珍贵的"沙虫"——北海市沿海方格星虫的资源调查与保护及人工繁殖技术的实践与控究	自治区创新大赛一等奖
	对青少年民族情感的调查	自治区创新大赛二等奖
	关于学生桌面堆书对身体健康、学习影响的调查研究——视力的影响	自治区创新大赛二等奖
	柔弱的双肩背后——高三复读生的现状调查	自治区创新大赛二等奖
	保护红树林从小做起——采用乐果防治初植红海榄幼苗污染动物的试验	自治区创新大赛二等奖
	多用椭圆规的发明	自治区创新大赛二等奖
	推动式清扫器	自治区创新大赛二等奖
	（DV 作品）利用潮汐能治理外沙港污染	自治区创新大赛 DV 作品二等奖
2009 年	沼气池高压喷射破壳装置设计与应用试验	自治区创新大赛一等奖
	广西合浦西汉古墓出土铜凤灯——汉代釭灯吸烟效果探究	自治区创新大赛一等奖
	广西北海民间曲艺"老杨公"现状分析及挽救对策研究	自治区创新大赛一等奖
	涠洲岛海参资源枯竭的原因调查及花刺参的人工繁育试验	自治区创新大赛一等奖
	青蟹笼式吊养方法的研究试验	自治区创新大赛一等奖
	北海市公共直饮水菌落总数的检测	自治区创新大赛一等奖
	广西北海市西背岭滩涂幼鲎资源分布的初步调查	自治区创新大赛一等奖
	导游帮手	自治区创新大赛一等奖
	氨的制取和性质实验	自治区创新大赛一等奖
	墨菲定律的研究与应对	自治区创新大赛一等奖
	七种因素对叉鞭金藻生长的影响	自治区创新大赛二等奖
	北海老街的现状及发展前景的研究报告	自治区创新大赛二等奖

时　间	作　品	等　级
2010 年	《广西北海鸟类生境与城市绿地布局关系的调查研究》	自治区创新大赛一等奖
	《人为挖捕对北海市天然白骨壤的影响》	自治区创新大赛一等奖
	《北海市海洋气溶胶对人居环境的影响初探》	自治区创新大赛一等奖
	《盐度对大弹涂鱼胚胎发育及孵化率的影响试验》	自治区创新大赛一等奖
	《节能、多温段控制、一次加热沸腾饮水机》	自治区创新大赛一等奖
	《北海市海水养殖外来物种调查及南美白对虾入侵风险初探》	自治区创新大赛一等奖
	《红树林污损动物的生物防治尝试》	自治区创新大赛一等奖
	《多功能节能自动晒衣架》	自治区创新大赛一等奖
	《人类第五足趾趾甲性状的调查与研究》	自治区创新大赛一等奖
	《以互花米草、甘蔗渣、稻草混合培养基栽培平菇的试验》	自治区创新大赛二等奖
	《关于北海市"LED"发光二极管的应用调查报告》	自治区创新大赛二等奖
	《北海市旅游产业探究》	自治区创新大赛二等奖
2011 年	外来藻种塔玛亚历山大藻、具尾鳍藻在北海近岸海域的生长特性	自治区创新大赛一等奖
	危害广西红树林的 4 种袋蛾的发生和传播规律初探	自治区创新大赛一等奖
	自动扶梯安全装置	自治区创新大赛一等奖
	引起手术中医用橡胶手套物理性能变化的原因探究	自治区创新大赛一等奖
	北海海洋产业现状调查及对策措施探究	自治区创新大赛一等奖
	北海近岸海域赤潮特征初探	自治区创新大赛一等奖
	儿童"婚姻敏感期"的研究	自治区创新大赛一等奖
	互花米草对动植物的化感作用的探究	自治区创新大赛一等奖
	智能节电插座和新型饮水机	自治区创新大赛一等奖
	从北海市酸雨中氯离子浓度分布探讨虾塘对环境的影响	自治区创新大赛二等奖
2012 年	傍名牌电动车泛滥背后的消费者因素研究	自治区创新大赛一等奖
	喜盐草和矮大叶藻海草观赏化种初步研究	自治区创新大赛一等奖
	水质与附着基对大獭蛤育苗成活率的影响	自治区创新大赛一等奖
	重金属铅和镉对红树蚬的急性毒性	自治区创新大赛一等奖
	海浪警示风向标——北部湾西南浪警示系统设计	自治区创新大赛二等奖

续 表

时 间	作 品	等 级
2013 年	关于中学生强迫心理与行为的调查	自治区创新大赛一等奖
	精神障碍患者艺术治疗法之抽象画干预研究	自治区创新大赛一等奖
2014 年	北海铁山港老鸦洲墩岛不沉传说的研究	自治区创新大赛一等奖
	几种外来入侵植物对斜纹夜蛾驱杀试验	自治区创新大赛一等奖
	大弹涂鱼在红树林滩涂栖息洞穴的生态模拟	自治区创新大赛一等奖
	北海市风力发电的潜质与应用探究	自治区创新大赛二等奖
2015 年	电子控制轨道电磁感应加速器	自治区创新大赛一等奖
	植物源防腐剂抑菌作用的研究	自治区创新大赛二等奖
	广西南流江宝玉石的成因和分布研究	自治区创新大赛二等奖
2016 年	关于猪笼草的研究性学习	自治区创新大赛一等奖
	北海贝雕工艺现状与发展调查报告	自治区创新大赛二等奖
2017 年	广西大蚝"变形记"	自治区创新大赛一等奖
	常见香味植物驱蚊实验及驱蚊洗衣液的制备	自治区创新大赛一等奖
	失能老人自助式怀旧干预方案的设计和实践研究	自治区创新大赛一等奖
	利用孔雀鱼进行小区生态控蚊的研究	自治区创新大赛二等奖

第五章

科学施教：促进和谐教育深度发展

第一节　打造品质课堂，践行和谐育人

党的"十九大"提出，"要全面贯彻党的教育方针、落实立德树人根本任务，发展素质教育，推进发育水平，培养德、智、体、美全面发展的社会主义建设者和接班人"。如何全面实施素质教育，如何办好人民满意的教育，这是每个教育者都要思考的问题。课堂教学是提高学校教育教学质量的核心所在，构建和谐高效的课堂教学机制，是每个教育者面临的基本课题。打造品质课堂，最大限度地发挥课堂教学的主阵地作用，大面积提高教育教学质量。只有这样，才能更好地促进学生、教师乃至学校的和谐发展。可以说，品质课堂是成就和谐教育的一大平台。

一、和谐教育呼唤品质课堂

（一）北中课堂教学现状

多年来，北中在和谐教育的理念下，狠抓教育教学工作。通过诸多举措，狠抓教学常规管理，向课堂要效率，向课堂要质量，取得显著成效。

2012年，为全面推进素质教育，广西施行新一轮的课程改革，随着改革的不断深入，北中教师的教学观念和教学方式发生了可喜的变化，但是我们的课堂依然存在诸多问题。

1.教学的目标意识还有待增强。

教师备课花了不少工夫，研究教材教参，查找网络资源，借鉴他人经验，结合自身理解，精心设计教案。备课过程中，教师思考最多的是：这节课，教材要我教的是什么内容？我怎么把它教好？使用什么教学方法？……

经过新课改几年的摸索，学校教师教学最大的变化就是课程意识逐步增强。从以前的"教什么"到现在学会思考"为什么教"，从以前的"教教材"到现在的"用教材教"。但是，不能否认，相当数量的教师教学的目标意识还有待增强。教学目标泛化、窄化、虚化的现象不同程度地存在。

2. 教学内容的随意有待改观。

实施新课程改革之后，更多的教师懂得了课程资源开发的重要性。课程意识的确立和课程资源的开发使教学从内涵到外延都产生了很大变化，课堂教学内容变得充实而丰富。但是，这也导致了不少教师的教学内容主观随意性太强。比如：不少教师的课堂教学内容关注教师的教，忽略学生的学；关注知识讲解，忽视思维训练；关注学科拓展，忽视学科本味……

我们看到的是，某些语文课异化为历史课、政治课、逻辑课，甚至变成生物课、物理课等。在某些数学课上，一些数学内容被机械地套上了情境，牵强附会地联系生活，过多地强调生活来源，这样的课既浪费了时间，又妨碍了学生对数学知识的理解。

如果教师能运用"最近发展区"理论去思考，哪些教学内容是属于现有发展区的问题，是学生可以通过独立学习掌握的，哪些教学内容是属于最近发展区的问题，是需要同伴互助和教师帮助才能掌握的，那么，课堂教学内容随意的问题就容易解决了。

3. 学习方式的公式化尚需改变。

新课程实施以来，自主、合作、探究的学习方式逐渐在改变着我们的课堂。教师在改变，课堂在变活，学生积极参与到教学中来。但我们也看到了一些不和谐的现象：

一是"自主"变成"自流"。自主学习，把时间还给学生，是改进课堂教学的要求，但有的教师却以此为借口，在无任何学习要求的前提下，把课堂交给学生，让学生整堂课读书、做练习，浪费了课堂时间。

二是在"合作"的名义下学生应付式、被动式地讨论，片面追求形式上、浅层次的合作，没有处理好合作与教师讲授的关系。有的教师只把合作学习作为一个教学环节来使用，而没有充分发挥其作用。

三是"探究"有形无实。学生只是机械地按部就班地经历探究过程的程序和步骤，缺乏好奇心的驱使和思维的探险以及批判性的质疑，从而导致探究的形式化和机械化，变成没有内涵和精神的空壳。

（二）和谐教育需要的课堂

和谐教育理念下的课堂，要体现学生与教师的和谐、学生成长与教师成长的和谐、教与学的和谐、教学内容与教学方法的和谐。而要实现这些和谐，我们必须打造一种高品质课堂。

高品质课堂是什么样的课堂？中国教育科学研究院课程教学研究中心的李铁安博士曾经对此作过阐述："究其理论的立足点来说——高品质课堂应该是充分彰显教育本体功能的课堂，是自觉遵循教学内在规律的课堂，是力图体现学习本质内涵的课堂。""就其历史的参照点来说——高品质课堂应该是充分汲取我国中小学课堂教学实践的经验并力图解决时下课堂教学中存在的突出问题的课堂，是彰显育人价值、深掘课程本质、回归学生主体、强化教师主导、活化学习方式、淡化模式流程的课堂。"

高品质课堂的基本要素至少应该包括：真实——课程内容既突出学科核心本质，又遵循学生认知规律；快乐——学生在课堂上个性张扬，充实轻松，教师在课堂上充满激情，从容淡定；厚重——教学目标维度的体现丰富完整，教学生成问题的展开张弛有度；简约——教师讲授精练、启发有度、指导有力，合作活动有方、交流活动有序、探究活动有效；和谐——教学目标与教学策略有机统一，教与学之间动态转换协调一致；创新——对教学内容能够进行优化组合，对教学方法能够作创造性选择。

基于这样的理解，我们进行了大量课堂教学的实践与摸索。通过开展校本研修，特别是以课例研究活动为抓手，以备课组为单位深入课堂，以一个个课例带动更多的教师"在行动中研究，在研究中学习"，不断地打造高品质课堂。

二、打造品质课堂，构建和谐育人平台

课堂是实施素质教育的主阵地，只有课堂效率的提高才能为素质教育的实施提供保证，才能适应学生全面发展的要求。近几年来，围绕"基于和谐

教育理念，打造品质课堂"这一主题，学校教务处、科研处开展了大量的实践尝试和理论研究，通过各类汇报课、研究课、比赛课、名师课、常规课活动的开展，通过各学科课例研究活动在全校范围的全员参与、全程参与和全面铺开，收到了良好效果，为品质课堂的打造，奠定了良好的基础。

（一）确立清晰的课程目标

课程目标是课程实施要达到的标准和目的，是课程设计的基础环节和重要因素，直接影响和制约着课程内容。课程目标的设置要依据对社会、对学生、对教材内容的研究，这三个依据是交互作用的。课程实践证明，无论忽视哪一个要素，或者偏重哪一个要素，都会使学校课程失去平衡，以致不能完整、全面地实现教育的培养目标。

只有确立清晰的课程目标，课程实施者才会有正确的方向和科学的行动，这样的课堂才是高品质的，才能实现课程的育人价值。反之，如果课程目标确立得不清晰，课程实施就没有方向和目的，最终落得低效甚至是无效的结果。

品质课堂的目标要求有以下三个方面：

1.落到实处。

品质课堂在设置课程目标时，要深入分析和处理教材内容，明晰学生的认知结构和能力水平，使制定的课程目标实在、细致、具体，具备可操作性。在实施教学后，能够检测出是否达成目标。那些虚化抽象、放之四海皆可的课程目标往往没有针对性，让人难以理解和把握，形同虚设。

比如教学《诗经·氓》（高一《语文》必修二）时，如果只是从祖国经典文化对学生的熏陶影响这一需要出发，忽略《氓》的思想内容和学生可能达到的理解水平，把"陶冶高尚的情操，培养爱国主义精神"作为课程目标，就给人虚而不实之感；这样的情操、精神如何陶冶和培养？用什么标准来衡量目标达成的程度？实施教学后是否达到了陶冶和培养的目的？很难给出一个明确的结果，这样的课程目标就失去了教学的路标作用。

如果确定课程目标之前，教师能思考：面对拿到的教材，我要通过它达到什么课程目标？我要让学生掌握什么？掌握到什么程度？我所教的是什么样的学生？我要教的，学生能掌握吗？我要教的，是学生想要的吗？我要教的，学生是不是已经懂了……解决了这些之后，再去思考：为了达到这个教学目标，我要通过什么教学内容、哪些教学环节、使用什么教学方法、和学习方式以达到这个教学目标。这样目标就可以落到实处了。

2. 落到小处。

品质课堂要尽可能以最短的教学时间，获得最好的教学效果，使学生获取知识，发展能力。这就要求课堂目标的设计必须根据学生现有的知识储备、理解能力和思维水平。过于宏大的目标往往没有充分考虑到学生的年龄特点、实际学习能力和一堂课所能达到的学习程度，对学生来说难以企及，对教师来说缺乏操作性。试想，如果把一节英语课的课堂目标确定为"培养学生的语言交际能力"这样的教学长期目标，结果会如何？

然而，有些教师就是这样，只看到本学科宏大的课程目标，而忽略在课堂教学中把它细化，轻易地把学科课程目标等同于课堂教学目标。比如语文学科，如果在制定课堂目标时死板地按照目标的三个维度（知识与能力、过程与方法、情感态度与价值观）来设置，忽略了对文本、对学生的思考，制定出来的目标往往就难以实施完成。

比如《梦游天姥吟留别》（高二《语文》必修三）的课堂教学目标，某老师是这样设计的。（1）知识与能力：了解唐代古体诗的特点，认识和体会浪漫主义诗歌的艺术风格，培养丰富的想象能力。（2）过程与方法：整体感知—探究研习—交流展示—总结拓展；自主学习，合作探究。（3）情感态度与价值观：抓住意向，把握意境，激发学生积极追求个性解放的意识。有限的课堂，完成如此宏大的教学目标是不可能的，这样的目标设计没有任何实用价值，难以符合品质课堂的要求。

3. 落到序列。

教学活动是一种循序渐进的活动，学生认知水平的提高也有其原则和规律，因此，课程目标的确立应依据课程标准的要求，以基础性和发展性相统一为原则，体现出序列化的特点。三维目标本身就序列分明：知识与技能维度的目标侧重于让学生学会什么；过程与方法维度的目标侧重于教学生怎么学会；情感、态度与价值观维度的目标则侧重于告诉学生为什么要学会。而在分析知识、技能和情感的关系时，我们不难发现，知识是基础，技能和情感目标是在知识的基础上培养和形成的。所以设计目标时，一般是从知识的记忆目标到理解与运用目标，再到情感体验目标，是具有一定的层次性的。

我校地理教研组在《如何提高学生地理空间定位的能力》课例研究中，有过三次作课。三次作课的课堂教学目标皆有不同呈现。第一堂课的目标：（1）通过引导强化读图技巧的应用，培养学生构建心理地图，熟悉经纬的空间分布和经纬网中地理方位的判读规律。（2）调动学生头脑中的地图，利用"控制点"进行相对位置的判断。第二堂课的目标：（1）通过把握一些关键的经纬线穿过的著名事物，在脑海中构建一个网格状的世界地图。（2）掌握区域空间定位的一般方法。（3）培养学生读图画图的兴趣，激发学习热情。（4）营造地理小组互助互帮的学习氛围。而第三堂课的目标被分设为三大目标。（1）知识目标：学会七大洲的空间定位；学会五种地形特征及判读；识记七大洲界限、面积、重要地理单元等。（2）能力目标：通过观察、分析地图，提取信息并加以应用，培养学生看图、析图、绘图的能力，学会使用地理的语言——地图。（3）情感目标：通过七大洲空间定位学习，培养学生自主学习、探究学习、开放学习的方法和思维方法习惯，知道学习地理过程中，观察分析地图的重要性。在课堂目标的不断改善中，我们不难发现，"序列落点"渐次凸显，最终达成课堂的高品质效果。

（二）设置有效的教学任务

品质课堂的教学充分体现了课程改革的理念，不仅让学生学会，还让学生会学，并且乐学。学习的过程应该是学生与教师、学生与教材、学生与自身的对话过程，只有使学生从对话中碰撞出智慧的火花，才能全面发展自我，课堂才能显示其独特的魅力。设计有效的学习任务，其实就是引导学生有效对话，从而有序地达成课程目标。

品质课堂的任务应具备以下四个特点：

1. 双线定位。

毋庸置疑，课堂教学中，学生是主体，教师起主导作用。品质课堂更注重学生的主体地位，一切教学活动均以提高学生素养、促进学生全面和谐发展为目标。在重视学生主体性的同时，不忽略教师的组织、引导作用。因此在设计任务时，坚持双线定位原则，可以使师生各有任务，在完成不同分工的同时，实现教学活动的最优化。

如果课堂是舞台，作为双线活动的导演，教师的主要任务是为演员设置广阔的空间和合理的时间，让学生尽情发挥。为此，教师要根据教学目标系统规划整个教学活动的过程，并通过激趣调动学生积极参与。教师是导演，也是角色，他会走进学生中间，和学生一起探究、讨论和交流，分享获取新知的快乐。他还担负着对课堂学习和学习结果进行评价的任务，运用教学机智创造性地评价学生，或者对学生的学习结果进行客观中肯的评价，赏识亮点，找出不足，增强学生信心，明确方向，不断获得学习的动力，这是品质课堂中教学主导者的智慧。

课堂教学中，主角是学生。课堂要以学生的活动为主线，科学设计教学过程，利用多种教学手段，调动学生主动参与。设计问题引导学生思考、讨论，让学生畅所欲言，充分发表见解；采取自主、合作、探究的学习方式，培养学生自主学习的能力和团队合作精神；让学生经过充分的预习后提出问题，然后互相探讨解答，自行摸索方法，得出结论，评价成果；对于某些易混乱、存在多种理解的教学内容可以采取辩论形式，让学生在争辩中激活思维，澄清认识，加深对知识的理解；甚至可以师生易位，互换角色，让学生走上讲台，过一把教师瘾……总之，学生参与到教学活动中来，主体地位方能凸显。

2. 宏观着眼。

教学的目的是促进学生的全面发展，课程标准不仅对学生的认知发展水平提出要求，同时更加关注学生学习方法的生成，以及学科的人文性。所以，虽然教学任务往往是多因素、多层次、多环节的，但设置任务时必须宏观着眼，放眼三维目标。

三维目标指的是知识与能力、过程与方法、情感态度和价值观三个维度。"三个维度"是不可分割的整体，三者相辅相成，共同作用，支撑起智慧和素养，必须共存于教学所要完成的任务中。

在三维目标中，知识具有奠基性作用，离开了知识的习得，就谈不上学生的能力和素质的养成，所以必须落实知识与能力目标，通过提出问题、分析问题、解决问题等学习活动把握知识，形成学科技能，并运用知识和技能，解决过程和方法实现中存在的问题。过程与方法目标的达成，则渗透在知识与能力的教学之中，要改变传统的教学方式，把课堂还给学生，加强对学生学习方法的指导，引导学生自主学习、合作探究，给学生提供建构知识、运用知识、展示自我的机会。情感、态度与价值观目标的实现也同样融合在知识与能力、过程与方法目标实现的过程之中，它们不是外在的附加任务，而是贯穿于教学过程之中，在完成一个个教学任务时熏陶感染，潜移默化，使学生通过潜在的积累而获得。

3. 思维锻炼。

美国著名教育心理学家罗伯特·斯滕伯格等在为《思维教学：培养聪明的学习者》（中文版）这本书作序时说："知识对于任何一种思维来说都是必不可少的，没有知识，一个人无法思维；反之，没有思维，知识又是空洞的，是没有活力的。"思维锻炼是教学的要义，也是品质课堂的核心。品质课堂强调在分析问题、探究问题、评价问题解决的过程和结果中，激发学生的思维活力，提高学生的思维品质，提升学生正确、客观地认识世界及融入世界的能力。

在教学中锻炼思维讲求策略，不同的思维锻炼要选择不同的方法。引导学生宏观把握教材、细致思考问题可以锻炼思维的广阔性；由浅到深，探究本质，可以锻炼思维的深刻性；课堂对话、质疑辩论，可以锻炼思维的灵活性；堂上作业、限时测试，可以锻炼思维的敏捷性；拓展训练、发散展开，可以锻炼学生的发散性思维；异同比较、新旧辨析，可以锻炼学生的比较性思维……思维能力是在思考过程中发展和提高的，思考的过程必须由学生亲力亲为，所以教师必须激发学生学习的主动性，在课堂上引导学生独立思考，勇于探究。教师也要言传身教，通过大胆质疑及给学生呈现自身的思维过程，让学生在学习中思考，在思考中学习，思维能力在不断锻炼中得到提高。

4.落实当堂。

设置有效的学习任务，实现教学目标，是打造品质课堂的根本条件。品质课堂讲求的品质，不仅就教学质量而言，还包括教学效率。在堂上有效完成教学任务，将课程目标真正落到实处，使每一个学生在原有的基础上获得最大限度的发展，不落后遗症，不占用学生课后自由支配的时间，既解放了学生，也解放了教师，这就是我们追求的课堂品质。

要做到落实当堂，质量和效率并存，就必须创造性地进行教学设计，合理安排各项学习活动，从而引导学生循序渐进地逐一落实各项任务。所以，在进行课堂设计前，教师必须通盘考虑以下几个问题：（1）这堂课想要学生解决什么问题？（2）可以用什么方法让学生解决？（3）学生可以用多长时间解决？（4）如何检测学生已达到自己预期的结果？这几个问题其实就是课堂的核心问题：目标、方法、效率、效果。实施教学中有几个教学环节是不可或缺的：（1）在学生充分预习的基础上明确展示课程目标；（2）分配任务，让学生带着任务去研讨；（3）自主合作探究学习，展示成果，完成任务；（4）师生交流，评价学习结果；（5）达标测评，拓展巩固。当堂落实，实现课堂的高效，更能提高学生的学习能力，实现终身学习的目标，可以说是品质课堂的完美展现。

（三）构建自主、合作、探究的学习方式

自主、合作、探究的学习方式是课程标准提倡的，也是品质课堂常态的学习方式。学会学习，学会合作，学会创新，为学生的终身学习和和谐发展打下良好的基础，是北中和谐教育的目标。

1.自主、合作、探究学习方式的教育价值。

（1）发挥学生学习的主动性和创造性，做学习的主人。

在自主、合作、探究的学习方式中，自主学习是根本。自主学习，是

"以学生作为学习的主体，学生自己做主，不受别人支配，不受外界干扰，通过阅读、听讲、研究、观察、实践等手段使个体得到持续变化"的一种学习方式。课堂教学中，教师只是一个引导者和组织者，任务就是充分地挖掘学生的学习潜力，让学生学会学习。自主学习，把更多的时间与空间交还学生，使学生拥有更多思考、学习和创造的机会。它是一种高品质的学习状态，学生在学习过程中，顺应学习任务的要求，根据自己的认知特点和学习能力，积极主动地调整自己的学习策略，从而达到学习目标，真正成为学习的主人。

因为对新鲜事物充满好奇，对新知识、新技能充满渴求，主动学习者会对学习怀有浓厚的兴趣。在主动学习中，学习是一项非常快乐的活动，可以从中探知自己以前没有涉及的领域，由此获得的成果使自己充满自信和成就感。在学习过程中，主动学习者往往带着明确而具体的学习目标，在学习行为中形成一种自觉动力，专心致志，充分发挥自己的主观能动性，去获取自己想要的知识，并且毫不厌倦。自主学习除了充分调动学生学习的积极性外，还可以调动学生的感知、记忆、思维和想象，让学生在发现问题、提出问题、解决问题的过程中充分发挥自身的创造性，获取更多建设性的方法和成果。事实证明，自主学习，让每个学生在学习中拥有自己的一方天空，有非常重要的意义。

（2）增强团体合作意识，适应个体与社会发展的要求。

自主、合作、探究的学习方式重视学生与学生、教师与学生之间的交流，通过合作学习，教生的团队合作意识和能力（包括合作的知识、技能和情感态度等）得到培养，而具备合作能力又为将来适应社会和服务社会提供了有利的条件。

合作学习对学生的个体发展有积极影响。学生与学生之间的互动合作，小组之间的合作竞争，提供给了学生更多参与课堂的机会，可以激发学生的学习热情，让学生由被动学习转为主动学习，最大限度地迸发出学习潜能。在学生与学生、学生与教师的合作学习和交流中，学生获取的信息和知识更加丰富全面，这些信息迫使学生去思考、去辨识，最终从中得到启迪，在互补促进中能力得到提高。此外，合作学习使学生由适应集体到融入集体，从而培养了他们的合群性，这是具有社会适应性的基本素质。在学习中，学生逐渐学会表达自己，聆听他人，增强了和他人沟通的能力。而合作学习的成果则让学生意识到学习是一个与他人一起进行建构的过程，合作可以更好更快地解决问题，从而达到共赢的目的。总之，通过合作学习培养合作精神和合作能力，可以全面提高学生的素质，使其适应未来社会发展的需要。

（3）培养良好的思维品质，全面提升学习效率。

在自主、合作、探究的学习方式中，探究学习是以自主学习为前提、以合作学习为动力的一种学习方式。它通过组织学生进行各种活动，引导学生主动探讨，学会科学的方法和技能，掌握科学的思维方式。探究学习重视分析、综合和评价，鼓励发散性思维和创造性思维，学生在探究过程中可以养成良好的思维品质，全面提升学习效率。

探究的过程就是发现问题和解决问题的过程。在此过程中，学生多角度、多层次地进行探求，发散性进行思维，可以培养思维的广阔性；探求此事物与彼事物之间的关系，寻求事物的本质，或者由结果分析原因，由原因推断出结果，可以培养思维的深刻性；遇到问题能有超脱常规的处理方法，或者解决问题时碰到障碍，能及时、灵巧地转向另一种途径，可以培养思维的灵活性；探究活动中勇于质疑，有理有据地提出自己独到的看法，或者不囿于现有的模式和方法，创造性地按照自己的新颖思路和方式解决问题，可以培养思维的独创性；科学、客观地评价自己或他人的探究结果，善于找出他人的不足，改正自己的错误，不迷信书本和教师，学会扬弃，可以培养思维的批判性；……

思维是一个人智力的核心，思维品质提高了，人的各种能力将会相应得到发展，学习效率无疑也会相应提高。

2. 自主、合作、探究学习方式的实践探索。

（1）自主学习，让学生做学习的主人。

针对部分教师把自主学习理解为放养式学习的"伪自主"现象，我们规范教师的课堂行为，要求教师在自主学习的课堂中做到以下几点。

①创设情境，激发学生兴趣。培养学生自主学习应从激发学生学习兴趣入手。教师应该充分尊重和利用学生已有的知识经验与生活体验，创设丰富多彩的学习活动，营造学生良好的学习情感，让他们学得有趣、轻松、愉快，这样他们才能学得积极、主动、深入。

②巧用追问，激活学生思维。所谓"追问"，就是在学生基本回答教师提出的问题后，教师有针对性地"二度提问"，巧妙的追问可以激活学生思维，促进他们深入探究。教师适时、有效的追问可以使课堂锦上添花，化平淡为神奇，更好地提升学生素质。

③指导学法，达到"授生以渔"。作为教师要不断指导学生学习，使之掌握良好的学习方法。学生一旦有了科学的学习方法，就可以独立广泛地获取知识，获得自主发展和可持续发展。因此，教师要教给学生学习的方法。注重对深挖教材、发现问题、解决问题等学法的指导。有意识地启发学生注意教师教的思路与过程，注重归纳总结，把教法转化为学法。

④总结评价，及时自我调整。自我评价包括：自我评价学习动机，自我评价学习态度，自我评价学习习惯，自我评价学习方法，自我评价学习结果。教师要指导学生对自己自主学习的效果与学习经验进行自我评价与总结，以便及时调整自主学习的策略，当然也有利于借鉴和内化他人经验，构筑自己的认知结构，提高自己的学习水平，确保自主学习的成功实施。

（2）合作学习，达到共赢目的。

新课改以来，合作学习成了很多教师组织课堂教学的有效模式。但部分教师在使用合作学习时存在以下误区。

①无论问题大小，有问必讨论。有些教师对合作学习乐此不疲，动辄合作，觉得只要课堂热闹起来，学生投入了，自然效果就不差。

②有些教师则把合作学习等同于小组讨论。教师既不指导学生如何与小组中其他成员交流，也不监控学生在小组中的交往情况，把教学过程变为纯粹的学生"自学"和"自议"。

③还有的教师只关注小组活动的结果，而忽视对整个小组活动过程的管理和调控。只要有人代表小组发言，给出正确答案，整个小组就能顺利过

关。这无形中让合作学习成了成绩优秀学生的舞台，而"差生"永远是陪衬。

为此，我们规范教师的课堂行为，要求教师在合作学习的课堂中做到以下几点。

①精选合作学习的内容。教师要根据教学内容的重点、难点，学生的疑点来确定合作学习的内容。一般来说，学生在自主学习中解决不了的问题，才通过合作学习来解决，合作学习解决不了的问题，再由教师解答。合作学习的课堂气氛应该是民主的、和谐的，既有学生之间的合作，也有师生之间的合作。教师必须在学生合作之前，提出明确的要求和标准，让学生按照这个要求和标准去合作。

②加强合作学习指导，提高合作质量。教师需要对学生进行合作学习技能的介绍、分析、指导和培训，教给学生合作的技巧，如怎样组织学习，怎样倾听他人的意见，怎样表达自己的见解，怎样与他人沟通，怎样质疑不同的观点，以及合作学习过程中如何提供反馈，如何获得所需的信息，如何评价团队成员间互动的过程，如何注意别人对自己行为表现的感受等等。

③发挥教师的主导作用。不管哪种教学形式都离不开教师的主导作用。小组合作学习更要发挥教师的主导作用，教师要明确自己作为教学过程的组织者、引导者和合作者在合作学习中的地位。首先，在合作学习中，教师不是局外人，应当走到学生中去，善于发现学生在合作交流中产生的问题，特别要关注学困生，对他们及时进行适当的指导和帮助。其次，在小组合作学习中，学生思维的空间大了，在探索活动中可能会出现不同的思路和办法，对此，教师不要急于下结论，要引导学生进行必要的阐述和辩论，也不要急于用课本上规范的语言和要求束缚学生，要给其反思、完善的机会，让他们在合作中逐步完善自身的认识。

（3）探究性学习，培养思维品质。

针对不少课堂探究有形无实，学生只知按部就班地经历探究过程的程序和步骤的情况，我们规范教师的课堂行为，要求教师在探究性学习的课堂中做到以下几点。

①教师要预设好探究主题。探究性学习认为，学生是在现实生活情境中，通过发现问题、调查研究、动手操作、表达与交流等探究性活动获取知识、技能和态度的。因此，必须掌握学生的现实经验情况和基础知识水平，创设相应水平的问题情境，预设探究主题，在此基础上，让学生自主探究。

②教师要发挥主导作用。在开展探究性学习中，教师应发挥主导作用，不能不顾及学生实际，为探究而探究。教师应在学生充分自主探究、讨论、交流与合作的前提下，对知识的形成过程进行梳理，对方法性、规律性的东西予以重点强调，充分发挥教师的主导作用。

③教师要明确探究学习的目的。作为探究式学习，最终当然要有一个结论，当各探究小组的结论不一致，或者有的结论与教师设想的甚至相反时，我们是否要去进行激烈的辩论，以求一致的结果呢？事实上，在探究学习的过程中，教师要关心的不应只是对所探究的问题得到了一个结论，更要关注探究活动的全过程是如何进行的，遇到过什么样的困难，学生又是如何解决这些困难的。教师作为指导者、帮助者，可以给学生提供许多有益的建议。这种既重视结论又关注过程的教学，才是新课程所提倡和肯定的。

④教师要倡导学生在探究学习中的全员参与。这既可以培养学生的探索精神及参与、合作、竞争、交往的现代意识，有利于学生形成会学善学的良好习惯，进一步提高学习能力，又能使优等生的才能得到施展，中等生得到锻炼，后进生得到帮助。在这里，正确把握能够进行小组合作学习的教学内容，动员全员参与合作学习是关键所在。教学实践中，一些教师片面理解合作学习的含义，不对具体教学内容进行分析，而把小组合作搞成制造主体学习热烈气氛的工具，搞成公开教学调整自身教学状态和讲课进程的工具，都是不可取的。

三、实施品质课堂，师生和谐发展

品质课堂是充满生命活力的课堂，给师生的和谐发展提供了生态土壤。它使学生自主学习、主动发展，在学习活动中不断成长；它更新了教师的教学理念，改变了教学方式，增强了教师的职业幸福感。品质课堂，是师生共同成长的绿色通道。北中打造品质课堂，收获了丰硕的果实。

（一）学生勤思善学

品质课堂在"以学生的和谐发展为本"的课程理念下，尊重学生的个体差异，提倡自主学习，强化合作意识，重视培养探究能力，解放了学生，充分调动了学生学习的主动性和积极性。主动会激发创造潜能，满足每个学生的学习心理需求，它可以带来效益，生成能力，并使学生乐在其中。积极则是一种学习热情，学生积极思考，积极参与，积极实践，让思维在学习中激荡，思想在交流中碰撞，方法在合作中生成。

这种主动、积极的学习状态的直接表现就是学生的勤思善学。品质课堂重视思维锻炼，学生在课堂中自然而然地养成爱思考勤思考的习惯；致力于构建自主、合作、探究的学习方式，学生的学习能力在学习过程中不断得到提高。随便到北中课堂巡视一番，不难发现学生热烈讨论，甚至一生舌战群雄的场面，你会很容易被活跃的课堂气氛感染。品质课堂全面调动了学生学习的兴趣和信心，变被动为主动，变痛苦为快乐，真正实现了从"要我学"到"我要学"的学习状态的转变，使学生达到享受学习的境界。

（二）教师勤学乐教

教学过程是一个教与学的双边活动，教学相长，良性循环。教师的教能极大地作用于学生的学，学生的学又可促进教师的教。课程改革倡导转变教师观念，在教学中实现教师和学生的共同发展。品质课堂使教师重新定位自己，而角色和观念的转变，使教师重新审视自己从事的职业，并在新型的师生关系中唤醒对职业的追求，增强了职业幸福感。

《礼记·学记》有"教然后知困""知困，然后能自强也"的说法。教师是学生和谐发展的引导者、塑造者，品质课堂对教师的知识和能力有很高的要求。现代社会新知识层出不穷，而学生的视野不断开阔，能力不断增强，素养不断提高，这也对教师提出了更高的要求，教师要满足学生学习上的需要，唯一的途径就是学习。勤学好学，才能跟得上学生前进的步伐，使自己成为一名真正善教的老师。所以，我们的教师在品质课堂教学中既是学生学习的引导者，又是热爱学习的求知者。

教师们的学习热情高涨，除了积极参与学校组织的各种必须参加的学校教研组、备课组的合作学习以及自我研修外，还积极参加自治区、北海市的集中学习。集中学习主要是学新课程理念，如新的学生观、教师观、人才观、课程观、教材观等，而校本教研主要是学新课程课堂教学技术，如如何编写导学案，如何设置课堂教学目标，如何设置课堂中心问题，如何分配教师和学生的活动，如何建立学习小组等。

品质课堂自主、合作、探究的学习方式营造了全新的课堂氛围，构建了民主和谐、互尊互爱、平等合作的师生关系。在这种课堂氛围中，教师同学生一起去感受、去探究，和学生情感交融、思想碰撞，在与一个个鲜活的灵魂对话中，教学变得充满文化魅力和生命活力，使得教师充分享受到教育的快乐。当学生发自内心地尊敬、信赖并且喜爱自己的老师，当具备教育智慧的教师收获了教学成果，他就得到了职业认同感和荣誉感，从而精神充实，心灵愉悦，把教学当作生活来享受。在北中，教师于学生而言，亦师亦友。教师在教育学生的同时，也体验到了人生的快乐、生命的精彩，他怎么会不乐教？

（三）师生共同成长

品质课堂是师生智慧碰撞、学生展示智慧成果的舞台。它彰显了育人价值，将学生的发展作为教学的出发点，促进学生和谐发展的同时，也成就了教师的发展。教师在品质课堂的实践与研究中学习、研讨，营造了良好的教研氛围，从研究的视角进行教学，实现了从教材的实施者到教学研究者的美丽转型。

1. 教师专业成长。

在品质课堂的探索实践中，我们打造了一支精干的研究团队。同时，教师的教育思想得到了进一步的解放，教师的理论和专业水平得到了普遍提高，理念更新颖，教法更灵活。更值得称道的是，在探索的过程中，教师从中悟得了从事教育科研的基本方法和思路，科研意识普遍增强，形成了科研促教研的良好氛围。近3年来，我校教师参加北海市、广西壮族自治区乃至全国各类课堂教学、课例展示比赛均获得可喜成绩。单列2016年度我校教师呈现的课例参加全国"一师一优课"活动的成绩单——总晒课126节，其中获全国部级优课1节，获自治区优课27节，北海市级优课一等奖35节，二等奖85节。

2.学生能力提高。

和谐高效的课堂改革激发了学生的学习兴趣，由"要我学"变为"我要学"。课堂上，学习的主动权归还学生，每一位学生都被调动起来，在活动中学习，在主动中发展，在探究中创新。通过实验前后的检测对比，可以看出学生学习能动性发生改变，学习能力有了质的飞跃，培养了学生的合作精神和探究创新能力。从近3年学校学生各学科的会考成绩和高考成绩的优秀率、上线率来看，都呈明显上升趋势。而学校学生的研究性学习成果参加广西、全国创新大赛均取得不俗成绩。

第二节　坚持科研先导，提升教学质量

一、科研先导，提升教学质量的目标定位

（一）科研先导，助力教师发展，保证教学质量

多年的教育办学实践，学校历任领导都清醒地认识到教育科研的重要性。要适应素质教育的需要，培养具有创新意识和创新能力的高质量人才，就必须确立教育科研的先导地位，对学校的教学内容、教学模式、教学方法和教学管理等方面进行全方位的改革。因此，学校确立了"科研兴校""科

研先导"的指导思想。

教育科研是以拓展教育科学知识、解决教育教学中的实际问题和提高教育教学质量为目的的。对于广大教师来说，从事教育科学研究的一个最主要目的是解决教育实践中的问题。研究始于问题，教师从事研究就是从课堂中的一个个问题入手的。解决了课堂中不断生成的实际问题，如果这个时候，教师能把这些问题的解决过程通过不断反思记录下来，形成理论文字。这无形中就让教师由"经验型"迈进了"科研型"的快车道。

实践证明，科研活动的开展可以提升教师素质，为教师骨干力量的形成创造条件，使高素质教师队伍不断壮大。科研既可以促进教师知识结构的更新，也可以提高教师的学术水平，同时还可以培养教师开拓创新的精神。学校鼓励教师将自己的研究成果运用于课堂教学，科研成果体现了先进的教育思想与理念，既丰富了教学内容，也更新了教学手段，调动了学生的学习兴趣，保证了教学质量的提升，最终实现了打造高品质课堂的目标，真正发挥了科研为教学服务的功能。

（二）科研先导，推进教学改革，促进学校发展

现代教育不能仅凭多年积累的经验，更不能熬时间、拼体力，而是更多地依赖科学的实践探索。教育科研之所以在现代教育中占有重要的地位，取决于两个重要因素：一是教育与社会的关系越来越密切，教育要为社会发展服务，就要对教育的规模、教育的目标、制度、内容有科学的认识和决策；二是科学技术迅猛发展，人类知识成倍增长，使得传统教育模式难以适应新的要求。因此，只有确立教育科研的先导地位，才能适应素质教育的需要，才能更好实现和谐教育，才能更好地推进教育教学改革的顺利进行。

教育科研是促进学校改革和发展的第一生产力，是学校发展之本。长期以来，学校领导班子坚持把科研促教作为学校改革发展的重要抓手和助推器，根据学校发展规划提出的目标和任务开展教育科研活动。我们在活动中坚持贯彻"以教学为中心，以教育科研为先导""科研兴校，科研强师"的理念，以创新教科研模式为科研工作的指导思想，以新课程改革的教研为重

点，以提高教育教学质量、促进学校特色发展和教师专业成长为目标。

科研先导，推进了教学改革的不断深化，促进了学校内涵发展，提升了学校的办学品位。近 10 年来，学校先后被评为全国现代教育技术实验学校、第一批全国心理健康教育特色学校、国家级语言示范学校、奥林匹克教育示范学校等自治区级以上奖励 80 余项。

二、科研先导，提升教学质量的基本方案

（一）明晰科研思路，制定科研目标

为落实"内涵发展，科研兴校"的战略目标，充分发挥教育科研对学校教育改革和发展的先导作用，加快推进学校教育科研事业的发展，提高学校教育教学整体水平，进一步转变学校教师教育观念，改革教育内容、教育方法和教育手段，调整创新人才培养模式，培养和造就新形势下国家建设所需人才，学校制定了科研工作发展规划。

以下是从学校"十二五"工作总结及"十三五"规划中截取的科研部分的内容，从中可以明晰学校的科研工作思路及目标。

"十二五"科研工作总结

1.师资建设积淀教师文化。

我校一直致力于打造一支才华横溢、志存高远、通力合作、携手奋进的优秀师资队伍。五年来，学校在师资建设和培训方面更是高度重视，每年投入经费达 100 万元，制订计划，搭建平台，为教师成长创设优越的体制环境。通过制订教师专业成长规划、建立优秀人才成长激励机制、定期组织"骨干教师示范课"和"青年教师研究课"活动、开展一帮一师徒结对活动大力提升教师的文化素养，促进教师的专业成长。采取"走出去，请进来""在岗与脱产"培训相结合的办法，邀请名家来校讲座 3 次，派出 50 多人次前往上海、杭州、成都、重庆等名校蹲点学习，参加新课程改革培训近800 人次。

2.课题研究引领学校发展。

多年来，我校一直把教育科研、课题研究当作促进学校发展的动力。"十二五"期间，已结题或准备结题的课题有13个，现有国家级子课题3个，自治区课题6个，市级课题24个，参与课题研究教师比例达89%。其中"普通高中学生学业水平和综合素质评价体系的实践研究""基于学校办学特色取向的校本开发实践研究""高中新课改学生学分认定管理的实践研究"等多个课题立足我校教育教学实际，将日常教学中的集体备课问题作为研究方向；此外，我校立项的17个微课题切入点小、针对性强，将课题研究与课例研究联系在一起，更好地实现了课题服务于教学的目标。

3.课例研究激活有效课堂。

2014年以来，我校积极探索校本教研的新途径，在全校范围内开展课例研究活动。各学科备课组每学期围绕学期主要教学重点、疑点、难点，制订学期课例研究计划，明确研究方向，确定研究主题，落实具体教学内容和研究步骤，分配具体研究任务等。通过研究说课、议课、磨课、评课活动，促进教学科研，提升教师素养；通过同课异构、会议研讨、课例实践、汇报总结等方式，将本来复杂的课题研究、备考研究转化为具体的课堂实践和看得见的教学成果，有效激活了课堂教学。

"十三五"科研工作规划

1. 教师队伍建设目标。

建设一支有大局意识、服务意识、前瞻意识和教育情怀，团结务实、开拓创新、廉洁高效的管理队伍；建设一支师德高尚、业务精湛、结构合理、充满活力的高素质专业化教师队伍。力争到2020年，特级教师人数达到4人，北海市教育专家达到5人，北海市名师达到20人，北海市学科带头人达到40人，拥有硕士研究生学历的教师达到专任教师总数的20%。

2. 教育教学科研目标。

构建教育科研的网络体系和评价机制。以课题为依托，将课题研究与教学实践紧密结合，真正做到科研兴校，课题研究成果在全市乃至全区推广应用，促进教师专业发展。到 2020 年，力争完成 3 个国家级课题、10 个自治区级课题、50 个市级课题的研究。

（二）完善规章制度，抓好科研管理

学校高度重视教育科研工作，修定和完善了一系列科研方面的管理制度，使学校的教科研工作得以有序而扎实地开展。

1. 常规管理。

（1）由科研处牵头成立学校科研管理领导小组，负责科研工作的统筹、管理、督促、评价；（2）每学期开学召开学校科研工作会议，布置教科研工作；（3）定期召开教研组长、备课组长会议，备课组每周一次、教研组两周一次；（4）教研组长、备课组长每学期初制订并上交科研工作计划，要求目标明确，内容具体，措施可行；（5）教研组长、备课组长每学期末上交科研工作总结，要求总结经验，反思教训，有整改措施；（6）每位教师学期末各上交读书心得、论文各一篇，并作为绩效考核和评优的依据；（7）每位教师学期末上交科研成果、获奖证书，作为绩效加分依据。

2. 课题管理。

（1）由科研处牵头成立学校课题管理领导小组，负责课题研究工作的统筹、管理、督促、评价；（2）获批立项的各级各类课题，均由科研处建立课题档案；（3）获批立项的区级课题，学校将给予一定的科研经费；（4）科研处对各级研究课题进行跟踪管理，不定期对课题研究情况进行检查，了解进展并进行业务指导；（5）每个学科组每个研究周期至少申报一个研究课题，作为科级评优重要依据；（6）定期召开课题组负责人会议，汇报研究进展情况，研讨具体问题；（7）每个课题组每学期初、中、末要上交课题组研究计划、中期研究汇报、学期研究成果等课题材料；（8）课题申报通过立项或取得结题，附上证明材料，可作为绩效加分依据。

3. 课例管理。

（1）以学科备课组为单位，成立课例研究团队，备课组长为课例研究活动的第一责任人；（2）课例研究活动要求全员参与、全程参与，备课组长以此作为学期末绩效团队合作加分的重要依据；（3）每个备课组长每学期至少完成一个课例研究任务，作为备课组评优的重要依据；（4）每个备课组开学初上交课例研究计划，学期末上交课例研究报告；（5）科研处对各备课组课例研究情况进行跟踪管理，不定期进行检查，了解进展并进行业务指导；（6）学校期中、期末进行课例研究活动的观摩及总结表彰活动。

三、科研先导，提升教学质量的主要实践

（一）构建学习共同体，保证课堂品质

1. 规范集体备课，实现同伴互助。

集体备课是促进教师合作，整合人力资源，促进个人专业发展的有效途径。有效的集体备课能让教师有更多的时间去关注教学方法、关注学生，思考教学的有效性，达到高水平均衡，推动整个教学质量的提高。经过努力，我们有机整合了多种教研形式，构建了一套高中教师集体备课研究的完整体系。

（1）集备时间与形式。每周一次，以备课组为单位，由备课组长负责主持。其中，星期二下午为语、数、英三学科的集体备课时间，星期三下午为理化生三学科的集体备课时间，星期四下午为政、史、地三学科的集体备课时间。

（2）集备内容。具体内容为"三定"（定目标、定难点、定重点）、"五统一"（统一内容、统一进度、统一习题、统一目标、统一评价）、"五备"（备大纲、备教材、备教法、备学法、备训练，重点研究本学科教与学的改革与创新）、"两法"（教法、学法）、"两题"（例题、习题）；此外，学校要求每个备课组每个学年必须立项一个以上的微课题（大的备课组 2～3 个），每个微课题每学期至少有一个课例的研究，学期末要上交研究报告。一个学年后，所有微课题必须如期结题。

（3）集体备课的过程。备课组长要在备课组活动计划中确定好每周的主

备人（中心发言人），明确主备任务；主备人于集备前将相关资料交给组长并在组内传阅，组员要提前熟悉、钻研本周集备内容，以便集备时研讨；集备时先由主备人概括介绍自己的主备内容，再由其他成员进行补充，最后备课组长总结。记录员要做好集体备课研讨记录。

规范的集体备课，在很大程度上拓展了教师的备课思路和研究思路，教师有了研究的主题（课题、课例），并通过课堂实践将研究真正落到实处，通过设计教学、说课评课、课后反思、撰写报告论文等活动，使备课活动由过去的重"教"，变为现在的重"学"和重"研"，真正实现了集体备课的意义——点燃集体智慧火花，实现同伴互助，引领教师专业化成长。同时，学校通过完善集体备课记录、领导蹲点、定期举行观摩研讨活动等形式检验集体备课的效果，还通过考核加分、表彰奖励、成果推荐等方式不断调动教师参与集体备课的积极性和创造性。

2. 丰富交流方式，做到资源共享。

一直以来，每学期都是由科研处统一收集各科组的资源（包括试卷、课件、教案等），然后计算机老师汇总并上传至学校网站的资源库中；3 年前更是设立了信息中心，其中一项工作就是学校教学资源的汇总与管理。同时，各科组与备课组也都分别申请了公共邮箱，建立了 Q 群或微信群，供教师们上传相关教学资料，既丰富了教师们的交流方式，也有效地实现了优秀资源共享。这里仅以语文组为例来说明。语文组不仅大组有公共邮箱和微信群，而且高一、高二和高三各个备课组也有自己的 Q 群和微信群。Q 群主要用于上传集备计划、教案、课件、试卷、音频与视频资料，为本学科的教师提供大量便捷的资源，教师们各取所需，大大减轻了他们的负担。微信群主要用于平时的交流，例如教学中遇到的疑难问题可以在微信群中提出，然后大家群策群力，及时有效地解决问题；还可以把自己看到的一些好文章跟大家分享，互相交流。交流方式的丰富与优秀资源的共享是同伴间优势互补，达成共赢的有效途径。

3. 开展多种活动，体现学科文化。

每个学期研究的主题、申报的课题、课例都很明确，科研能够贯穿于教学始终，学校无需在形式上过多约束备课组。所以，在学校规定的集体备课时间，科组或备课组可以灵活处理。如进行"网络集备"，举行"茶话会"，开展"读书沙龙""影视观评"活动，甚至还可以进行"室外拓展活动"等。这样的活动既丰富了集体备课的形式，也体现了一定的学科文化特色，增强了教师间的凝聚力，促进了平等、积极、真诚的科研氛围的形成。

（二）依托课题研究，突破问题瓶颈

1.重实效，针对教学问题进行课题研究。

对重点课题的研究是教育科研的重要内容，没有重点课题，学校教育科研形不成特色，教学质量难以有效提升，学校也就不能加速发展。我校对重点课题研究内容的选择，一是结合国家教育的大形势，二是立足课堂，解决教育教学中急需解决的问题，注重课题研究的实效性。同时，在研究过程中，充分发挥学校的特长和优势，理论与实践相结合，发动全体教师积极参与，力求做到教师"人人有课题，个个在研究"。

近10年来，学校共申报课题65个，经上级有关部门批准，分别被立项为国家级、省级和市级课题，其中国家级子课题4个，省级课题23个，市级课题38个。2012年立项的广西基础教育"创新育人模式"实验研究专项课题"高中新课程实施背景下的学校有效集体备课研究"立足我校教育教学实际，将与每一位教师密切相关的日常教学中的集体备课问题作为研究方向；2013年立项的"十二五"广西教育科学规划专项课题"普通高中学生学业水平和综合素质评价体系的实践研究""基于学校办学特色取向的校本开发实践研究""高中新课改学生学分认定管理的实践研究"等，也都把研究指向了当今的新课程改革。

这些课题的研究解决了教育教学中的实际问题，拓宽了教师的学术视野，激发了教师改变自己教学品质的动力，提高了教师教育实践的质量。在课题研究过程中，课题研究团队的教师聚在一起，形成了教师专业共同体。大家分享信息、经验和成果，也促进了教师的专业发展。

2.短平快，让课题研究解决教学疑难。

学校要求每个备课组必须将课题研究与教学实践紧密结合，课题研究必须用以指导教学实际，解决教学疑难问题。而最好的办法就是进行微课题的研究。因此，每学期初，各个备课组组内通过集体备课，交流本学期教学的重难点、困惑点，收集大量问题，并在此基础上筛选出具有共性的有研究价值的问题，作为本学期集体备课重点研讨的若干个主题。有了主题后，每个备课组围绕学期备课主题申报微型课题。这样，每个备课组每个学年都会申报 3～4 个微型课题（市一级的课题，如果市级没有通过立项就转为校级课题）。

微型课题立项后，各备课组围绕课题研究开展系列教学研讨活动，包括上专题示范课、进行评课议课、形成研究成果，乃至将课题研究成果加以推广，从部分参与课题研究的教师小群体的成果推广到全级、全校。因为课题研究的切入点小，微型课题比大课题更容易操作，而且课题研究、课例研究和日常的教学活动有机结合，教师可以在课题（例）研究的状态下教学，在教学的状态下研究（课题、课例），时间短而见效更快，教学与科研也就能更有效地互相促进。

（三）开展课例研究，形成课堂范式

1.促进校本教研。

2014 年，学校以课例研究活动为抓手，探索出了较为有效的校本教研途径——以课例研究、课题研究带动校本教研，通过构建有效课堂，通过课例研究促进教师专业化发展，进而提升学校教育教学质量。

学校启动课例研究活动，先后经历了以下三个阶段：

第一个阶段为准备阶段。学校为教师购买课例研究相关书籍并布置阅读任务，教师通过阅读《课例研究，我们一起来》《怎样做课例研修》等书籍了解什么是课例研究及如何进行课例研究。阅读进行一段时间后，举行备课组长专题研讨会，交流阅读书籍的感受，提出困惑并进行研讨从而达成共识。

第二个阶段是具体研修阶段。每学期高一、高二各备课组至少举行一次课例研究活动。学期初，各组结合本组的大课题、本年级组的微课题制订好备课组的课例研究计划，并扎实开展课例研究活动。学期末，每个备课组要上交研修成果（包括教学设计、课堂观察表、课堂实录、议课实录、教学反思、教学课件、教学过程的光盘、课例研究报告等）。

研修的具体过程一般有以下六步：（1）第一次集备，确定课例的主题及上课教师，由上课教师选择上课内容并设计上课方案；（2）第二次集备，上课教师说课，小组成员对课例方案进行分析和讨论后确定课例方案；（3）课堂实践，上课教师上课，小组成员带着目的观课；（4）第三次集备，课后跟踪会诊，小组成员针对课堂观察过程中出现的问题进行评课议课；（5）反思提炼，如果条件许可，上课教师还可以进行第二次甚至第三次试教，小组成员进行第二、第三次观课，也可以由另一位教师按照整改意见进行第二、第三次试教；（6）提炼观点，撰写课例研究报告。

第三个阶段为汇报交流阶段。学校定期举行课例研究活动汇报会，由做得好的科组汇报活动开展情况，作经验介绍。

经过近四年的探索与尝试，学校通过课例研究活动的开展，让教师们从过去集体备课主要备"某节（类）课怎么教"上升为研究"某个课例（题）如何实施"。课例研究活动为教师提供集体观课，课后相互评论，反馈教学，共同改进教学的平台。课例研究活动将课堂教学与科研有机结合，使学科教研的形式多样化。以课例研究带动学科教研，给校本教研增添了强大的活力，将学校的校本教研工作推向了新的高度。

2. 丰富科研成果。

教师以具体"课例"为载体，借助观察、记录、分析等手段，通过磨课、议课的方式，解决课堂教学的实际问题，得到解决问题的策略和方法，借此引发教师间的相互学习、探讨与分享。而每一次的集备都可以积累一定的实践性资料，最后还可通过撰写课例研究报告和晒课的方式，展示优秀课例，既可以形成课堂范式，又可以丰富学校教科研的成果。

2014年以来，学校科研处要求高一、高二年级每个学期至少完成一个课例的研究工作，学期末上交课例研究报告及相关成果材料。学期末科研处将各学科备课组上交的课例报告作为学校科研成果装订成册归档，并从中选择优秀成果，部分刊登在学校校刊《潮声》上，还有部分推荐发表在全国各大教育专刊上。实践证明，课例研究活动的开展极大丰富了学校的科研成果。

课例研究活动既满足了广大教师对教科研工作的实际需求，又不至于加大教师工作负担，因此激发了广大教师参与的积极性，促进了教师专业化发展。

第三节　探索创新人才培训，实现和谐发展

构建和谐社会有赖于构建和谐教育，使社会通过人的素质的提高变得和谐有序。世界范围的综合国力竞争，归根到底是人才，特别是创新型人才的竞争。贯彻和谐教育，科学施教，因材施教，培养创新人才是高中教育义不容辞的责任。因此，高中教育应该用和谐教育弘扬学生的创新精神，用和谐教育培养学生的创新能力，用和谐教育塑造学生的创新人格。把和谐教育的理念贯穿于创新人才的培养之中，是北中人一直以来不变的追求。

一、构建和谐教育，培养创新人才

培养创新人才和创新人才培养模式是北中的选择与担当。为落实《国务院关于基础教育改革与发展的决定》和《国家中长期教育改革和发展规划纲要（2010—2020年）》的精神，以《国家基础教育课程改革纲要（试行）》为指导方针，以教育部《普通高中课程方案（实验）》为根据，顺应深化人才培养模式改革和考试招生制度改革，结合人才培养的特色和要求，2013年9月，北中开始创办"创新班"，把"让创新发生在每一位师生身上"作为实验项目推进的理念和目标，夯实学生的学业基础，培养创新能力，发展

个性特长，拓宽国际视野，力争把"创新班"作为北海教育品牌来打造。

培养创新人才是尊重个性教育，激活人天赋的需要。心理学认为，每个智力正常的儿童，都有可观的心理潜能和成才的可能。只要教育措施、方法、途径符合学生心理发展的内在需求，激活他们的心理状态，发挥其潜能，他们的智力就能得到充分发展。教育学认为教育的重要价值之一就是使自然人成为社会人，达到人的个体与社会的和谐，使个人真正融入到人类社会活动中，实现人与自然的和谐，促进人类发展。因此，为每个学生提供适合的教育，是尊重教育规律和学生身心发展规律的要求，也是和谐教育的本质。

培养创新人才是践行国家教育纲要的要求。《国家中长期教育改革和发展规划纲要（2010—2020年）》的第二条"工作方针"中提出："关心每个学生，促进每个学生主动地、生动活泼地发展，尊重教育规律和学生身心发展规律，为每个学生提供适合的教育。"第三十二条提出："创新人才培养模式，适应国家和社会发展需要，尊重教育规律和人才成长规律，深化教育教学改革，创新教育教学方法，探索多种培养方式，形成各类人才辈出、拔尖创新人才不断涌现的局面。"创新人才培养，不能只停留在文件里，学校应该落到实处。

培养创新人才是国家与民族发展的需要。2013年10月21日，习近平总书记在欧美同学会成立一百周年庆祝大会上说："创新是一个民族进步的灵魂，是一个国家兴旺发达的不竭动力，也是中华民族最深沉的民族禀赋。在激烈的国际竞争中，惟创新者进，惟创新者强，唯创新者胜。"坚持创新发展，就是要把创新摆在民族和国家发展的核心位置，让创新在全社会蔚然成风，而人才是创新的根基，是创新的核心要素。

二、抓住成长规律，明确培养目标

高中阶段是学生个性形成、自主发展的关键时期，对提高未来国民的综合素养、培养个性化人才和创新性人才具有特殊意义，是促进学生可持续发展、实现人的终身发展目标的重要阶段。调查表明，初中生的创造性逐年增加，而高中生的创造性处于低潮。还有研究发现，高二学生的创造性问题提出能力和创造性倾向都显著低于高一学生。尽管上述的研究发现略有不同，但有一点是共同的：到了高中阶段，学生的创造性普遍呈现下降的趋势。因此，普通高中阶段是培养学生的创新素养、提高创新能力的重要时期。高中阶段创新人才的培养目标是：着重培养学生的创新精神、创新人格、创新思维、科学素养、人文素养。

（一）创新精神

创新精神是一种独立思考、自由表达的思维习惯。创新精神是创新人才的灵魂，创新人才培养首先就要培养学生具有"自由的意志、独立的人格"，要有敢于质疑和辩论的信心，还要有"吾爱吾师，吾更爱真理"的科学精神与勇气。教育最需要做的事情就是充分保护甚至捍卫学生的好奇心和主动性，鼓励怀疑精神，尊重和善待新生事物，热情鼓励和支持各种新想法、新尝试、新发现、新发明，培养学生质疑权威的勇气以及批判性思维和创新能力。提高批判性探索能力和研究能力，通过获取知识、批判性评价知识的价值，培养学生调查以前未知情形的能力，对不确定的现实作出判断的能力和具备解决问题的能力，使其能够系统地、创造性地解决问题。

（二）创新人格

创造性人格是人的非智力因素的有机结合和高度发展，是创新人才表现出来的整体精神风貌。为此，创新人格的培养要特别重视以下三个方面：一是培养学生高度的社会责任感和不懈追求真理的科学品质，崇尚科学、追求真理、富有高度的社会责任感是创新的根本动力；二是培养学生接受失败，敢冒风险的科学精神。创新就是要接受失败，敢冒风险，了解未知；三是要培养学生执着、严谨的学风和善于协作的治学品质。

（三）创新思维

创新思维是创新人才的智力结构的核心，是一种具有开创意义的思维活动，即开拓人类认识新领域、开创人类认识新成果的思维活动。它是以感知、记忆、思考、联想、理解等能力为基础，以综合性、探索性和求新性为特征的高级心理活动，需要人们付出艰苦的脑力劳动。一项创新思维成果往往要经过长期的探索、刻苦的钻研甚至多次的挫折方能取得，而创新思维能力也要经过长期的知识积累、素质磨砺才能具备，至于创新思维的过程，则离不开繁多的推理、想象、联想、直觉等思维活动。创新思维能力是个人推动社会前进的必要手段，特别是在知识经济时代，创新思维的培养训练更显得重要。其途径在于掌握丰富的知识结构、培养联想思维的能力、克服习惯思维对新构思的抗拒性，培养思维的变通性，加强讨论，经常进行思想碰撞。高中阶段是学生思维活动极其丰富的阶段，传统灌输式的教育限制了学生创新思维的培养，在高中新课改政策下，学校应注重培养学生的创新思维，让学生具有独立思考、自由表达的思维习惯，学会批判性思维，形成丰富的想象力，掌握科学的创新方法。

（四）科学素养

在西方国家，科学素养一词的英文表达是 science literacy。literacy 有着两层不同的意思：一是指有学识、有学养，适用对象是学者；一是能够阅读，能够书写，适用对象是普通大众。创新人才的科学素养由三个部分组成，即对科学知识达到基本的了解程度，对科学的研究过程和方法达到基本的了解程度，对科学技术对社会和个人所产生的影响达到基本的了解程度。国际学生科学素养测试大纲（PISA）中提出，科学素养的测试应该由科学基本观念、科学实践过程、科学场景三个方面组成，在测试范围上则由科学知识、科学研究的过程和科学对社会的作用三个方面组成。

（五）人文素养

创新人才的成长离不开对其人文素质的培养。人文课程包括人文学科、世界语言、艺术，包括以下教学目标：使学生掌握熟练的交流技能；使学生掌握合作技能及在特殊的环境下思考和行动的能力；开展真实项目，解决真实问题的能力；应对变化的能力；培养其文化道德修养；习得设计、写作和表演才能，帮助学生理解世界各种不同的文化信仰和价值观。

三、勇于探索实践，趟出北中新路

（一）实施特色教学

1. 小班教学。

小班化教学是欧美发达国家普遍推行的一种教学组织形式。20世纪80年代，美国的部分州开展了缩小班级规模的实验。目前美国中学的平均班级规模是25个学生。在20世纪90年代后期，美国又提出中小学班级规模应缩小到18人。目前德国班级规模与美国相似，全国平均为25个学生。英国是20～25人，加拿大是25～30人。

2013年，学校进行创新班教学实验课题，首次把班额限定为不超过30人，采取自主招生模式，由各个初中校长实名推荐，再通过笔试、面试，全部按照综合测评分从高到低录取。所招学生基本上是基础扎实、习惯良好、思维品质趋向理科的学生。

学校采取小班化教学，主要是为每一个学生提供最大的发展空间，更多地满足学生个性化发展的需求。在过去几年小班教学研究的过程中，我们深感小班化教育外在表现是班级人数少，而实质上是优质教育与人本教育的有机结合。教师要立足小班时间、空间条件，不断优化教学方法，切实提高教学实效，使学生得到充分、和谐的优质教育。

小班教学是实行和谐教育的必然要求。和谐教育要求发挥每一个学生的潜能，这就要求为每一个学生量身打造学习计划，安排学习进程，并给予更多的学习反馈和学习指导。只有在小班额中，每个学生才可能成为学习的主人，成为关注的对象，有更多的提问机会和发言机会，师生互动才会更加频繁，更有成效，民主精神才会在潜移默化中得到培养。

小班教学响应了家长对高品质教育的密切关注。随着独生子女的增加，家长对高品质教育的需求骤然增加，而大班额必然使部分学生被边缘化，这部分学生的个性发展和身心健康都会受到严重损害，这对家庭来说是不可承受之重，而小班教学显然能满足学生和家长的这一需求。

最后，小班教学也是调动广大教师积极性和创造性的最佳契机。随着师生互动的增加，教师能更真切地了解学生的需求，从而开发出更能满足学生需求的课程，使教学生态多样化，教学方式新颖化，教学效果优质化。

2. 特色课程。

通过借鉴其他名校创新人才培养的经验，学校根据"夯实基础、寻求拓展、鼓励研究"的原则，合理安排不同课程学习时间。设计了三类课程。

高一年级：基础型课程 70%、拓展型课程 20%、研究型课程 10%。

高二年级：基础型课程 60%、拓展型课程 25%、研究型课程 15%。

高三年级：基础型课程 40%、拓展型课程 30%、研究型课程 30%。

我们与上海格致中学、七宝中学和北京四中等名校合作开展创新人才培养合作项目，并签订有关协议，每年送创新班的同学到相关学校听课两节。

3. 导师相伴。

导师制最初产生于 14 世纪的英国，创始人是曾任温切斯特主教和英格兰大法官的威廉·威克姆。当时在牛津、剑桥率先实施导师制，以后逐渐在伦敦大学及其他许多学校推广。在中国，导师制引入高中教育教学中还是近几年的事，如江苏南京市第一中学、浙江长兴中学、北京八十中以及佛山的一些学校进行了导师制的有效探索。导师制之所以有如此强大的生命力，根本原因是它符合教育的基本规律，尊重学生个体的差异性和多样性，从而有利于人才素质的提高、培养效果的优化。它与现行班主任制具有迥然不同的运行方式，可实现教师对学生的有效指导和教育。

学校创新班实行导师相伴，确保每个导师有固定学生，每个学生有固定导师，每个导师既面向全体授课对象，又对指定的若干学生的个性、人格发展和全面素质提高负责。加强师生互动、生生互动，关注学生的非智力因素，在导师的个别化指导和与同学的合作学习过程中，培养学生良好的习惯、科学的思维方法和健康的身心，培养学生主动学习和探究问题的意识，促进学生的个性特长发展，努力把学生培养成为高素质的人才。

4.导师素质与要求。

导师应具备的基本素质：热爱教育事业，具有高尚的职业道德、严谨的治学态度和奉献精神；为人师表，教书育人，责任心强，有正确的教育观、学生观和质量观；具有先进的教育理念、科学的教育方法，注重自己教育特色与风格的形成，善于与学生沟通和交流。

导师的任务：关注学生的全面成长，根据学生的心理、行为、学习、活动和生活等情况进行指导，培养学生正确的人生观、世界观和价值观，引导学生逐渐学会选择；关注学生的非智力因素，对学生的学习心理、习惯和方法等方面进行综合指导，培养学生健康的情感态度，促进学生可持续发展；关注学生的学科发展，指导学生科学安排时间，培养学生主动学习的能力和问题意识，探究适合学生自身特点的学习方法，快速提高学生成绩。

导师导学的具体要求：导师和学生应主动利用课余时间，根据学生存在的问题及时开展导教导学活动。每月与学生至少要有两次的心理沟通；导师应运用不同的形式对学生进行针对性的个别化指导；导师应根据学生现存的问题指导学生制定适合其自身特点的学习计划，并监督计划顺利实施；导师对学生在每次考试成绩中暴露出来的问题查清原因，以便对症下药，帮助学生加以克服，争取在下次考试中不再犯类似的错误；针对高考要求，培养学生做到卷面整洁化、书写工整化、答题序列化、答案要点化，切实提高学生的高考成绩。

（二）建构立体化的课程

作为集中探索创新人才早期培养路径的创新班，它使传统培养方式发生变革，涉及培养目标课程设置、教学方法、教育教学评价等诸多方面，其中课程建设成为变革实施的主要抓手，因为课程是实现教育目的和组织教育教学活动的核心载体。所以，我们要建构立体化的课程（见下图）。

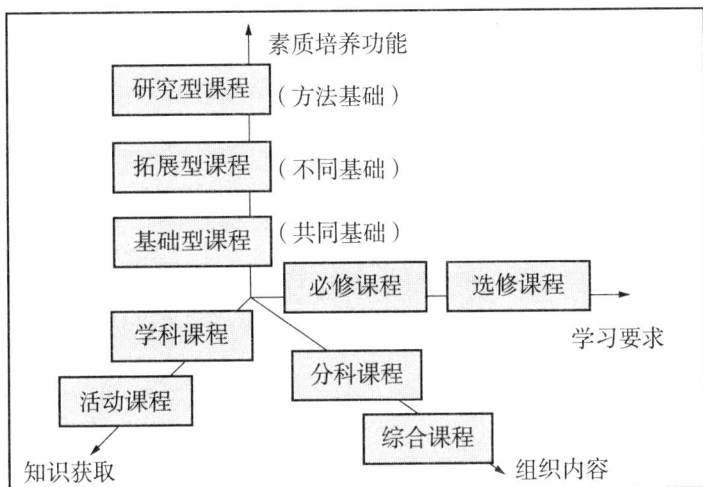

基础型课程（必修），属于预设性课程，重视基础知识体系，教师起传授作用，以知识掌握为主要目标。

拓展型课程（必修、选修），属于预设性课程，分为限定拓展课程和自主拓展课程两类，重视智能发展体系，培养高层次思维能力，教师起主导作用，以能力培养、个性发展为主要目标。

研究型课程（必修、选修），属于生成性课程，重视过程，强调实践体验，教师起指导作用，以培养反思能力和方法为主要目标。

具体说明如下：

（1）基础型课程设置目标主要是针对国家课程，规范开设国家课程，夯实学生的学科基础，增强学生发展创新精神和创新能力的基础依托。

（2）拓展型课程目标是在夯实基础之上，按循序渐进原则开设竞赛辅导、学习方法指导课和科学研究方法指导课。着力推进学生学业的全面发展和超前发展，为3年后名校的自主招生奠定基础。

（3）依照"学思结合""知行统一""因材施教"原则，以数学、物理、化学、生物四个学科为主体，为学生量身设置个性化的创新实验课程，大力培养学生的创新意识和科学实验能力。通过介绍或参观大学实验室让学生了解现代自然科学实验室的发展，让学生具有自然科学的大视野。

（4）接受国际理解教育课程能提升学生的文化素养，拓宽学生视野，培养和增强学生面向世界、面向未来的世界公民意识及海纳百川的宽广胸怀。课程采用的教育形式分两类：一是学科嵌入式，以学科课程计划为主要途径，让学生感受西方文化的精髓。如语言课程中可以开设"学术英语""名著阅读""经典影视欣赏"等。美术课中开设"多彩的民族服饰欣赏"，地理课中欣赏"东方文明古国——印度"等；二是活动类，如开设与国内外牵手名校的各类交流访学及"模拟联合国"活动，英语课本剧比赛等。自然科学类课程可以开设数学、物理、化学和生物的"学科发展史的英语原著阅读"课程。

（5）依托班会课和班级主题活动，深入开展"生涯规划""生命教育""励志教育""感恩教育""国际红十字精神"等五大主题教育，培养和增强学生"追求卓越、敢为人先"的进取精神及平等博爱、悲天悯人的人文情怀。

（6）以"文学素养""艺术鉴赏""自然科学""学术前沿""时政点评"五大主题为核心，邀请知名专家和学者举办系列化的高端学术讲座，全面提高学生的人文素养、科学精神及其高端思维品质，全面提升学生关注社会、解读时代及引领潮流的敏锐度和使命感。

（7）利用"海贝""时空""摄影协会""戏剧社"等学生社团，积极组织开展"微型讲座""微电影制作""我爱祖国海疆"等综合实践活动，全面提高学生的参与意识、团队意识、实践能力和社会活动能力。

（8）研究性学习包括两个部分：基础部分和拓展部分，包括科学研究方法系列讲座，《研究——从问题开始》《学会观察》《分类的重要性》《如何查找资料》《学生创新项目案例欣赏》《科研论文写作》；研究部分，主要是在方法学习过程中，突出学生课题研究能力，由教师指导学生进行文献查阅、课题论证、开题、课题研究以及研究报告的撰写。让学生掌握科学研究的方法和手段。课题研究可以是依托学科课程，在学科学习过程中产生，属于生成性课程，也可以是学生生活发现或头脑风暴等产生的研究性课题。

（三）课程评价系统

1.学年学业素养学分分配指导表。

总学分（144分以上）	必修课程（116分）			选修课程（28分以上）					
				选修课程一（22分以上）			选修课程二（6分以上）		
学年	一	二	三	一	二	三	一	二	三
学年学分	78左右	32左右	6以上	2左右	10以上	10以上		3以上	3以上
学期学分	39　39	28　4	4　2						
百分比	不超过80.6%			19.4%以上					
课程价值	确保所有学生达到共同的基本要求			满足学生在共同基础上的发展差异			满足不同学校的发展差异和学生个性发展		

2.非学业素养评价系统。

该系统包括道德素养、身体素质、心理素质、实践创新素养四大评价子系统。评价过程采用"学生自评、学生互评、教师认定、家长辅助参与"的方法。该评价旨在促进学生素质的全面提高，不仅让学生知道自己目前所处的状态，而且要有激励和选拔作用，为学生的终身发展奠定坚实的基础。

道德素养评价指标：道德品质；公民素养；学习能力；交流与合作；创新与发现；运动与健康；审美与表现。

身体素质评价指标：力量；速度；耐力；灵敏；柔韧。

心理素质评价指标：具有充分的适应力；了解自己，并对自己的能力作出适度的评价；生活的目标切合实际；不脱离现实环境；善于从经验中学习；能保持良好的人际关系；能适度地发泄情绪和控制情绪；在不违背集体利益的前提下，能有限度地发挥个性。

实践创新素养评价指标：自己选题；自己设计和研究；自己制作和撰

写；科学性；创新性；实用性。

以上指标每项 10 分，道德素养高于 40 分、身体素质高于 30 分、心理素质高于 40 分，实践创新素养高于 30 分才算合格。

（四）打造创新型教师团队

培养具有创新素养的学生需要一大批具有创新意识、创意谋略、创作才能、创造技能的教师。为此，我们将着力推出北中创新教师培养计划。我们更加注重教师的持续发展，要求每一位教师以创新的精神、积极的态度，在教育、教学、科研等领域努力学习、不懈探索、超越自我、追求领先地位。同时，鼓励教师教有所长，通过导师指导、行动研究、反思总结，逐步形成自己独有的、较为鲜明的教学风格和研究成果。这既是教育发展的必然趋势，也是引领北海基础教育走向高层次的必然要求。具体措施如下：

1. 重视人才引进。

进一步引进高层次人才，引进理工科专业的有志于从事教育的硕士甚至是博士若干名，要求能进行创新实验的设计及辅导、学科竞赛的辅导等工作。

2. 建立教师发展档案。

学校为每位教师建立了教师专业发展电子档案，重点反映教师在师德素养、教学能力、教育科研、创新素养等方面的内容，通过档案记录教师专业发展的过程和痕迹。

3. 丰富教师学习资源。

学校筹建了内容丰富的教师学习信息资源库，为教师购买"中国知网"类资源卡，便于教师随时查找专业学术文献，在学习借鉴中提升自身能力。

4. 提升教师科研能力。

为进一步提升教师教育科研能力，提高教师综合素质，打造研究型、专家型名师团队，创造有利于教师参与教育科研的有利条件和环境，鼓励、支持广大教师积极参与教育科研，重点做好以下工作。

（1）加强课题管理工作。在课题申报阶段，组织一次教师学习课题申报指南，以把握课题研究方向，确定研究重点，紧扣关键环节，凸显研究价值；在立项课题后，组织一次成员学习课题研究的有关规定，召集课题组成员进行学习、研究，做到课题管理规范、实施计划详细、研究方案完善，高质量完成课题研究的阶段性任务，按时结题并及时归档。

（2）重视科研培训。加强与高校、区、市、国家一级教科研管理与研究部门的教育科研合作，拓宽视野，引进新思想、新理念，每学期举行 1～2 次教科研专题辅导，学习相关理论，交流课题实践经验，会诊科研中的"疑难杂症"；同时，加强与教育报刊合作，推出教育教学成果，推广教育教学改革经验。

（3）建立激励机制：学校将每年分两次进行评比和表彰，每年的年终进行"年度科研成果评比"，每年的教师节进行"教育科研先进表彰"，以激励教师在教科研中不断探索、积极进取。

5. 帮助教师著书立说。

协助教师梳理教育教学科研成果，总结各类经验，撰写出版教育教学论著，使学校的教育科研水平更上一个新的台阶，计划每年出版 3～5 部教育教学专著。

6. 成立"北中青年教师学术沙龙"。

为加强青年教师的队伍建设，提高青年教师学术水平，帮助青年教师更好更快成长，学校将竭尽全力为青年教师搭建交流平台、科研平台、教学平台、进修提高平台及打造宣传平台，在做好师徒结对、定期研讨、系列专题培训等工作的基础上，要求参加学术沙龙的青年教师完成七项任务：制定一份三年规划、每学期开设一节研究课、每学期开一节主题班会、每学期写一篇读书笔记、每学期撰写一篇教育教学论文、每周听课不少于两节、每学期交一份培训小结。

7. 成立"北海中学特聘导师团"。

在总结"特级教师工作坊"工作经验的基础上，成立"北海中学特聘导师团"，以打造学校高素质教师团队，培养理性型教师和研究型教师。力争在今后 3 年中，多培养在教育、教学、科研方面具有一定知名度，具有标杆影响力的一批名师。

8. 与高校合作开办教育博士生课程班。

引进华师大的教育博士课程，遴选部分教师参加博士课程班的高端培训。学习采取面授和自学相结合的学习方式，分为教育理论模块、教育实践模块、教育科研模块，课程内容体现高端的教育和教学理念，学制两年。

四、创新人才培养模式初见成效

（一）高考成绩

2016 年，学校首届创新班参加高考，成绩突出，全班 31 位同学，高考总平均分 621 分，最高分是 677 分，最低分是 551 分，有 27 位同学总分超 600 分，有两位同学达到北大清华录取分数线。语文平均 119 分，数学平均 116 分，英语平均 135 分，理综平均 248 分。

（二）竞赛获奖

培养学生创新能力是创新人才的教育理念，在这样的理念指导下，学校创新班的学生创新能力得到了提高。2013 级姜楚元、包世鹏设计制作的"电子控制电磁感应加速器"获广西青少年科技创新大赛一等奖。2014 年 11 月，张钰洁"新型洗袜机"、何姝玥"一种饮水机"、梁玥"一种钥匙包"获国家专利。三年来，创新班学生参加"广西创新杯"竞赛，获区一等奖：数学 17 人次、化学 6 人次、生物 4 人次。二等奖：数学 5 人次、化学 2 人次、生物 3 人次；三等奖：数学 3 人次。参加"创新杯"全国联赛，获一等奖：物理 1 人次；二等奖：数学 10 人次、物理 3 人次、化学 5 人次、生物 2 人次；三等奖：数学 1 人次、物理 4 人次、化学 3 人次、生物 5 人次。三年来，全班 30 人，有 20 人获得各类各层次的科技创新奖，占全班总人数的 66.6%。

第六章

特色德育：养成学生和谐个性

第一节　和谐教育理念下的德育解读

一、明确和谐德育理念

在和谐教育的引领下，学校的德育理念逐步形成——以满足社会发展和学生发展需要的统一为出发点，在遵循学生身心发展规律的基础上，协调德育体系诸要素之间的关系，使之发生和谐共振效应，从而促进学生思想品德全面而和谐地发展。一句话，我们要创办一种和谐的德育，和谐德育理念主要体现在三个方面。

（一）教师、学生"双主体"和谐

在教学活动中教师和学生都是主体，教师是教育主体，学生是受教育主体，双方均为具有独立人格的自由主体。教学活动的最优化，应当是教授（教师的活动）最优化与学习（学生的活动）最优化的有机统一，是充分发挥教师、学生"双主体"能动性的过程。要想实现这种最优化，前提是教师与学生"双主体"应该是一种和谐的关系。教师和学生应当互相尊重对方的主体地位，师生双主体在德育活动中平等交往，营造平等、民主的教学氛围，通过师生的互动交流，充分挖掘学生的学习潜能，实现教师、学生的和谐统一，促进师生素质的全面提高。

（二）学校、家庭、社会"三教"和谐

学校的德育不应是一个封闭的系统，必须树立开放性且与社会生活密切联系的"大德育观"。学校德育与社会环境、家庭环境以及校园环境之间始终是相互联系、相互渗透、相互作用的。所谓"三教"和谐，指的是充分发挥学校、家庭和社会各个方面的教育优势，使之相互协调、相互配合、相互补充，形成教育合力，推动学校、家庭、社会德育目标达成一致，德育理念趋同，德育过程同步，德育方法互补，德育资源共享，从而产生多渠道、多

方位的和谐德育效应。只有学校、家庭、社会三方面教育力量和谐一致，才能对学生良好道德品质的形成起到最大的促进作用。

（三）知、情、意、行"四环节"和谐

知、情、意、行是构成个体思想品德的基本心理要素。任何一个学生树立一种思想，养成一种良好的行为习惯，都要经历知、情、意、行四个阶段。"知"是指道德认识与观念，是人们对是非、善恶、荣辱的认识、判断和评价。"情"是指道德情感，是人们对事物爱憎、好恶的态度和内心体验，是认识与行动的纽带和桥梁。"意"是指道德意志，是指人们在履行道德义务和责任过程中克服内心障碍和外部困难的决心与毅力，表现为实际行动中的一种坚持。"行"是指道德行动，是人们在道德认知、道德情感、道德意志的外在表现。在学生品德形成的过程中，四者之间是相互联系、相互制约、相互转化、相互作用的。这四个要素缺一不可，必须是统一和谐地发展。德育不但要授之以知、晓之以理，更要动之以情、导之以行，只有知识传授，而无情感陶冶、意志磨炼和行为引导，不是完整的德育，更不是和谐的德育。

二、确定和谐德育目标

（一）目标体系

德育目标是中学德育大纲的核心部分。德育内容的确定、德育途径方法的选择、学生品德的评定以及德育工作的领导和管理，都要致力于德育目标的实现。《中共中央办公厅、国务院办公厅关于适应新形势进一步加强和改进中小学德育工作的意见》指出，中学德育的基本任务是把学生培养成为热爱社会主义祖国、具有社会公德、法制意识、文明行为习惯的遵纪守法的公民，引导他们逐步树立正确的世界观、人生观和价值观，不断提高爱国主义、集体主义和社会主义思想觉悟，为他们中的优秀分子将来能够成为共产主义建设者和接班人奠定基础。

以此为依据，学校确定德育目标体系包括以下五个方面的要求：

1. 道德素质目标。

培养学生尊重、关心、爱护、帮助他人的品质，教育学生热爱班级和学校集体，爱护集体荣誉，热心参加各种教育活动和社会实践活动，积极参加劳动，遵守社会公德，爱护公共财物，珍惜劳动成果，自觉保护环境卫生，爱护公共设施，保护自然环境，逐步养成劳动习惯和一定的生活自理能力。

教育学生真诚友爱待人，尊敬师长，孝敬父母，对人诚恳、善良、公道；能热情帮助别人，讲求信用，尊重异性同学；教育学生生活节俭，自重自强，不向父母提出过高的要求；能礼貌待人，对人友善，珍惜名誉，不做有损自己和他人人格的事情；穿着整洁大方，符合中学生身份；仪表端庄，有良好的卫生习惯和文明的行为举止，有健康的生活情趣和一定的审美素养。

2. 法纪素质目标。

教育学生进一步树立遵纪守法观念，懂得社会主义民主与法制的关系，掌握民主与法制的基本内容和法律的基本常识，做到知法守法，并能运用法律武器保护自己的合法权益。帮助学生了解宪法和公民依法享有的权利，树立依法履行公民义务的观念，知道公民应依法办事，违法必受制裁。提高遵纪守法的自觉性，树立社会责任感。教育学生自觉维护学校和班级的纪律及有关规章制度，养成自觉遵守纪律的习惯和品质，对违纪违规行为能主动抵制。

3. 心理素质目标。

培养学生自尊、自爱、自立、自强，诚实正直，开拓创新，积极进取，乐观向上，顽强耐挫等现代人应具备的良好心理素质。教育学生正确认识和评价自己，有一定的自我教育能力，既不妄自尊大，也不过分自卑；给自己定下切合实际的奋斗目标，且能勇敢地接纳自己；培养学生凡事学会独立思考，学会全面深入地考虑问题，不轻信盲从；学会独立支配自己的学习、生活，培养独立生活能力；教育学生诚实正直，能正确开展批评与自我批评，勇于改正自己的缺点；对腐朽庸俗的思想文化有一定的鉴别和抵御能力；教育学生积极进取、锐意求新，积极参加实践活动，在实践中培养坚强的意志品质和较强的忍耐力、耐挫力。

4.思想素质目标。

培养学生确立为实现现代化、振兴中华而学习的动机，把爱国热情转化成为祖国发奋学习的实际行动；初步树立革命理想，初步懂得个人理想与共同理想的关系，初步具有为人民和为社会服务的思想和集体主义思想，能正确处理个人、集体、国家利益之间的关系，能正确对待升学和就业的选择；教育学生坚持辩证的观点，从实际出发，学会实事求是，全面看问题，了解一切事物都是变化的，具有较为科学的思想方法；初步具有辩证分析问题、处理问题的能力，能正确对待自己和他人，正确认识社会。

5.政治素质目标。

培养学生热爱祖国、热爱家乡、关心家乡的建设，了解祖国改革开放的前景和国际形势；正确认识社会主义制度的优越性，有振兴中华的责任感和使命感；关心时事政治，关心国家大事，关心世界时局的变化；拥护党的基本路线和方针政策，坚持四项基本原则，响应党的号召，不说不做违反党的方针政策的话和事，识别和抵制违背党的基本路线的言行，对团组织的活动有一定的认识和了解；了解党的性质和纲领，提高对党的先进性的认识。

（二）分级目标

根据各年级学生的身心发展特点及学校的德育要求，我校制定了具体的三年德育分级目标。

1.学生的主要特点。

作为国家历史名城、沿海开放城市，北海具有悠久的历史和文化，具有大气开放的特点。这里的学生视野开阔，思维活跃，个性丰富，自信心强，发展的潜力很大。但是，作为沿海城市，靠海吃海的思想也让北海人滋长了懒散的思想，限制了北海走向更广阔的天地。而今，散漫的作风依然明显存在。相对百色、河池、玉林等广西其他城市，北海的学生没有那么勤奋，生于物质条件优越的时代，大部分学生没有太多的机会历练，意志力薄弱，遇到困难容易妥协，缺乏迎难而上的坚毅品质。

高一、高二、高三学生生理发育、心理发展、思想品德方面的共性特点见下表。

项目	高　一	高　二	高　三
生理发育特点	男女生的身高突增期已过，体重、胸围等继续迅速发展，女生正朝着丰满体态方向发展，男生正朝着宽厚、强壮体态方向发展，学生的大脑神经机能正处于迅速发展时期，学生的性器官和副性征仍快速发展	男女的身高发育进一步减缓，体重、胸围等继续快速发展，体形向成年男女体型方向发展，性器官与副性征发育初步趋于成熟，学生的高级神经功能基本趋于成熟	学生处于青少年向青年过渡的完成阶段，是生长发育的重要时期，脑和神经系统基本成熟。男生正处于性萌动阶段，女生则处于性成熟阶段；学生自我意识、控制能力逐步增强
心理发展特点	自主、自立、自强、自信心理品质迅速发展并且由盲目阶段向自觉阶段发展，自我扩张心理现象突出，自我意识迅速发展，性心理意识逐步体现了理想和理智占主导地位的特点	开始进入思维发展的初步成熟期，智力基本上趋向定型；记忆力发展达到高峰；意志及自觉性增强，但易出现独断性，常坚持错误意见；性格日趋稳定，思考问题的深度和广度增加；基本适应高中生活，渴求友谊，群体意识强烈，异性关系趋向理智懂事和能够理智控制情感的特点	心理的发展相对落后于生理的发展，在理智、情感道德和社交方面正走向成熟的阶段；心理发展呈现不平衡性、波动性，表现在知、情、意、行方面，热情但容易冲动，思维敏捷但是容易偏激，常常出现苦闷、困惑、焦虑，表现出强烈的自主性
思想品德特点	理想正处于变幻不定时期，社会意识迅速增强，思考内容日益趋向社会性，既可能是表现出处处严格要求自己，积极向上迅速进步，又可能是对自己放松要求，退步下滑。正处于人生观、世界观形成的雏形期	逐步走向相对成熟与稳定，理想逐步趋向相对稳定，社会意识迅速发展逐步趋向相对稳定与成熟，思想品德与行为表现容易出现两极分化的特点。思想上带有片面性和不稳定性，易受社会各种思潮的影响，部分学生由于学业受挫，会产生消极情绪	在感性基础上形成了热爱祖国、热爱学习、尊敬师长、遵守纪律的基本行为规范，但受社会、家庭多方影响其道德规范会出现反复。本阶段是思想道德继续巩固的重要阶段，是科学认识社会、科学认识人生、确立人生目标的重要时期

2. 三年德育分级目标。

根据高一、高二、高三学生不同的生理发育、心理发展、思想品德特点，我校制定了三年德育分级目标。（见下表）

项目	高 一	高 二	高 三
道德素质目标	1. 热爱集体，能主动为集体服务，尊重集体意志并养成良好的集体生活习惯。 2. 能遵守社会公德，有初步的职业道德，有诚信、感恩的个人品德，懂得现代健康、文明的生活和交往礼节。 3. 主动参加各类劳动和社会实践活动，具有勤劳简朴、珍惜劳动成果的品德。 4. 主动关心他人，形成良好的师生、同学关系；男女同学交往互相尊重、大方得体。	1. 养成自觉遵守社会文明规范，遵纪守法的道德品质。 2. 珍惜时间和学习机会，学习目的明确；有刻苦钻研、严肃认真的态度与习惯。 3. 初步形成顾大局、识大体，先公后私的品质。 4. 具有热爱劳动、勤俭节约、爱护劳动成果和公共财物的品德。 5. 有初步的个人职业规划和人生规划；职高专业选择稳定。 6. 正确面对批评与自我批评。 能做到严于律己，宽以待人。 7. 有较强的责任意识和协作意识。	1. 具有较强自我管理和自我调控能力。 2. 有正常的社交能力。 3. 能科学利用时间和一切学习形式，有适合自己的学习方法。 4. 基本做到遇事顾大局、识大体，有集体主义为导向的人生价值观。 5. 热爱大自然，有较好的资源节约和环境保护意识。 6. 正确理财，基本能独立处理一些生活事务。 7. 有中华民族的传统美德，有一定的道德评价能力。 8. 有自己的职业理想并有努力为之奋斗的行动。

项目	高 一	高 二	高 三
法纪素质目标	1. 学习《中华人民共和国未成年人保护法》《中华人民共和国治安管理处罚法》等，有较好的安全知识。 2. 主动用《中学生守则》《学生一日常规》《中学生日常行为规范》要求自己。 3. 能制定并实施班级规章制度；遵守学校各项规章制度。	1. 继续学习《中华人民共和国未成年人保护法》《中华人民共和国治安管理处罚法》等，有法制安全知识和较好的安全保护能力。 2. 继续用《中学生守则》《学生一日常规》《中学生日常行为规范》要求自己，有文明的行为规范意识和习惯。 3. 自觉学习宪法和法律。	1. 学习《中华人民共和国宪法》《中华人民共和国刑法》《中华人民共和国治安管理处罚法》等，遵守宪法和法律，尊重人权；自觉抵制违法乱纪行为，做知法、守法的合格公民。 2. 模范的遵守学校纪律和规章制度。 3. 理解我国社会主义民主政治制度，懂得公民的权利和义务。
心理素质目标	1. 能正确认识和评价自己，有一定的自我教育能力。 2. 尝试独立思考，初步学会全面深入地考虑问题，不轻信盲从。 3. 能正确认识自己的优、缺点，勇于改正自己的不足。 4. 对腐朽庸俗的思想文化有一定的鉴别能力。	1. 初步形成自尊、自爱、自立、自强的良好心理素质。 2. 初步定下切合实际的奋斗目标，且能勇敢地接纳自己。 3. 学会独立思考，能较为全面深入地考虑问题。 4. 学会独立支配自己的学习、生活，培养独立生活能力。 5. 对腐朽庸俗的思想文化有鉴别和抵御能力。	1. 逐步具备诚实正直，开拓创新，积极进取，乐观向上，顽强耐挫等现代人应具备的良好心理素质。 2. 能定下切合实际的奋斗目标，能为目标而努力奋斗。 3. 诚实正直，能正确开展批评与自我批评。 4. 能在不断的成功与失败中培养坚强的意志品质和较强的忍耐力、耐挫力。

项目	高　一	高　二	高　三
思想素质目标	1. 热爱新学校、新班级、有较强的集体责任感和荣誉感。 2. 初步懂得处理个人、集体、国家利益之间的关系。 3. 初步树立为振兴中华、建设家乡而学习的思想观念。 4. 初步具有辩证分析问题、处理问题的能力。	1. 初步确立为实现现代化、振兴中华而学习的动机，把爱国热情转化为祖国发奋学习的实际行动。 2. 初步树立正确的人生理想。 3. 初步具有为人民和为社会服务的思想和集体主义思想。 4. 初步运用辩证的观点，从实际出发，学会实事求是，全面地看问题。	1. 热爱社会主义，拥护祖国统一，有进一步的国家观念，国家利益高于一切。 2. 能正确认识中华民族优秀思想文化传统，有汲取世界先进文明成果的意识。 3. 能树立革命理想，初步懂得个人理想与共同理想的关系。 4. 具备辩证分析问题、处理问题的能力；能正确对待自己和他人，正确认识社会。
政治素质目标	1. 初步懂得热爱社会主义祖国、热爱家乡、关心家乡的建设。 2. 了解团组织的活动，初步了解党的性质和纲领，理解党的基本路线和方针政策和党的四项基本原则；提高对党的先进性认识。 3. 初步了解祖国改革开放的前景和国际形势。 4. 懂得关心祖国前途、关心时事政治，逐步树立正确的社会意识。	1. 进一步培养民族自尊心、自信心、荣誉感，尊重兄弟民族，反对民族分裂。 2. 进一步理解改革开放，关注国家大事，理解维护安定团结的政治局面的重要性。 3. 懂得响应党的号召，不说不做违反党的方针政策的话和事。 4. 初步能用马列主义政治经济观点和中国特色社会主义理论分析各种社会现象。 5. 初步确立为共产主义而奋斗的方向。	1. 热爱社会主义，拥护祖国统一，有进一步的国家观念，国家利益高于一切。 2. 拥护党的基本路线、方针、政策；对违背党的基本路线的言行能识别和抵制。 3. 关心时事政治，关心国家大事，关心世界时局的变化，有振兴中华的责任感和使命感。 4. 理解把握中国特色社会主义是实现中国梦的必由之路。 5. 能确立为共产主义而努力奋斗的方向，积极向党组织靠近。

第二节　多元德育促进学生和谐发展

一、探索德育管理途径

（一）完善管理制度

北中从建校至今，已经走过了91年的历史，形成了由校长、党支部书记负总责的"三线"德育管理模式，实行校长—政教处—班主任—班委会一条线；党支部—年级支部—团支部—学生会一条线；值日领导—值周班级—值日班队干部一条线。做到分工负责，齐抓共管，学校选拔优秀、有耐心和爱心的教师担任班主任工作。不断加强德育队伍建设，充分发挥班主任在教育学生中的骨干作用，抓好工作落实，有效提升了学校管理水平。

从学校领导、教师到班级班干部，都非常明确自己的德育工作责任和工作细则。

1. 到位检查制度。

学校对班主任要求做到"三个到位"——早读、早扫、早操。学校要求班主任每天早7点到位，各个年级每天都要安排值班领导检查班主任的到位情况。每次学校会议，都要签到登记，请假要以书面形式向校长请假，学校办公室负责做好请假登记，纳入年终职效考评。不假不到的，要扣绩效分，并公开批评。

2. 班主任例会制度。

原则上每周日晚上召开一次。主要对学校近阶段班主任工作进行回顾、小结，布置阶段班主任工作任务，交流各班在日常管理方面的情况，分析、了解学生思想状况，研究解决学生在日常教育管理与纪律管理方面的问题，提出建议，形成措施，探索提高班主任的工作效率和能力。

3. 工作考评制度。

班主任在每个学期开学初，都要上交班主任工作计划，每学期结束要上交班主任工作总结，学期中要开展两次搭班教师协调会，做好会议记录和总结反馈。每周的班会都有值班领导进行检查登记，班主任要及时上交班会照片和总结。

4.绩效奖励制度。

班主任评优严格按照工作成效来进行，标准和依据就是班级量化评比的结果。每周各个年级都对班级进行"流动红旗"的评比，安排专人对班级卫生、出勤、学习纪律、内宿表现等方面进行检查，每周按综合得分的高低评出 8 个优秀班级，颁发"流动红旗"，每个学期结束，根据得分的高低评选出"红旗班""卫生班""文明班"，而根据班级在这些评比中的得分高低，评出"班主任绩效一二三等"奖励。

（二）提升师资水平

学校德育是通过教师去落实的，每个教师都有进行德育教育的责任和义务。师资水平的高低，直接影响德育的效果。因此，师资水平的提升是德育工作的基础。

1.狠抓师德师风建设。

每年，学校都有针对全校教师师德师风的教育和考核，对师德师风严格采取一票否决制：凡是在师生的评价中，师德师风不合格的教师，不得参与同年的评奖、晋升，甚至要面临调岗等处理。对德育的重要力量——班主任，学校更是加大了师德师风的考核力度，我们希望通过加强对班主任的师德教育，学校德育队伍整体素质能够得以提高，让更多的班主任提高觉悟，坚定意志；让更多的班主任怀抱远大教育理想，坚守校园一方净土，投身学校德育的浪潮，付出自己的心血智慧，谱写教育的华彩乐章。

2.实施"青蓝工程"。

学校每年举行班主任"青蓝工程"系列活动。"青蓝工程"把青年班主任列为培养目标，选定资深优秀的班主任作为他们的结对师父。青年班主任在师父的带领下，进行班主任工作的实践，观摩师父的班会课，定期与师父交流班主任工作的收获与困惑。青年班主任每个学期要完成班主任成长日志，上交成长总结。经过三年"青蓝工程"的历练，考核优秀的颁发荣誉证书。

北海中学班主任师徒结对考核细则

本细则本着以老带新、优化配对，迅速培养一支过硬的班主任队伍，学校决定进行师徒结对。为使师徒结对进一步明确自己的职责，增强责任感，现制定班主任师徒结对考核细则。

1. 师父基本职责：

（1）经常关心新教师的思想、工作态度、工作作风，以身作则，做好传帮带。

（2）指导徒弟参与班级管理，掌握教育学生的方式和方法。

（3）向徒弟提供班级管理信息，推荐德育经验文章，使其视野开阔，不断充实。

（4）每学期指导徒弟进行一次主题班会汇报。

（5）每学期对徒弟的表现进行评价。

2. 徒弟基本职责：

（1）主动求教，尊重指导老师，谦虚谨慎，接受批评。

（2）在学校担任一个班级的班主任或副班主任，积极参与该班级的班级管理，做好学生的思想教育工作。

（3）主动申请一节面向全校的主题班会（由政教处考核）。

（4）每学期写一篇班级管理心得、教育案例或班主任管理教育叙事。

3. 师徒双方恪守其职，团结一致，共同打造一支思想好、素质高、能力强的班主任队伍。

4. 为方便学期末对师徒结对情况进行考核，结对师徒上交以下材料：师父对徒弟的评价总结、徒弟汇报总结材料、徒弟班级管理心得或班主任管理教育叙事（1篇），材料上交不全及带徒效果差的，将被评为不合格。徒弟能够独立胜任班主任，政教处班级管理考评合格，学生满意率90%以上，学校将对师徒双方进行表彰，颁发证书。

3.加大培养力度。

（1）外出考察学习。为了提高班主任的管理水平，学校每学年分两到三批次组织政教处领导、班主任老师外出考察学习，借鉴兄弟学校教育管理工作经验，开阔德育工作视野，促进班主任整体素质的提高，提升学校德育工作的品质。

（2）举行技能考评。学校还定期开展"青年班主任"考评大会。考评的内容包括理论考试、工作案例、班会设计等内容。考评大会对班主任而言是压力更是动力，它也是班主任提升职业技能的一条好途径。

（3）举行经验交流会。学校每个学期初都会召开一次班级管理经验交流会暨班主任工作表彰会。会上请在德育工作中比较突出的班主任分享他们的管理经验，还邀请德育经验丰富的老班主任循序渐进地为新班主任作主题讲座。会议达到了老中青班主任之间互通有无、取长补短的效果，年轻班主任豁然开朗，优秀班主任备受鼓舞、信心大增，新老班主任的交接与交流有效地推进了全校班级管理工作和谐地开展。

（4）举办"班主任节"。班主任是学生成长道路上的人生导师，是一所学校教育教学工作得以开展、实施和落实的基础和关键。为了表彰班主任的突出贡献，营造尊重、理解、热爱、感恩班主任的和谐气氛，激发班主任的工作热情，提升班主任管理艺术，促进班主任专业发展，我校从2017年开始举办以"师爱·感恩·成长"为主题的"班主任节"。"班主任节"的设立，是学校对班主任工作的肯定和感激，也包含着对班主任工作的鼓励与期待，更是一种荣誉、责任和地位的象征。"班主任节"的活动丰富多彩，深度推进，包括以下环节：启动仪式——德育总结及颁奖会——资深班主任班会观摩课——青年班主任主题班会汇报课——优秀班主任风采及感人故事——高一高二班主任外出考察培训，起到了充分分享班主任工作和深度交流的效果。

（三）搭建德育平台

学校在德育工作中重视各种教育平台的搭建，力求通过这些平台最大限度地挖掘德育的潜力。

1."三大节"平台。

"体育节""科技节""艺术节"一直是北中的传统节日，从20世纪90年代至2016年，体育节、艺术节已各成功举办了19届，科技节举办了17届。"三大节"对于丰富学生的校园生活和培养学生顽强拼搏、互助协作、钻研探索的意志品质，具有很好的作用。

学校非常重视"三大节"，每年都要提前做好筹备工作，如期开展活动，节后评奖表彰。"三大节"在学校政教处、科研处、团委的领导下，充分发挥学生会的作用，从策划组织到活动具体环节的安排，基本依靠学生完成。"三大节"有效地锻炼了学生的策划能力、交际能力、实践探究能力和合作能力。

2.主题活动平台。

学校还经常开展主题活动。如在"五四"青年节对学生进行爱国爱党主题教育活动、在教师节进行感恩教师主题活动、在清明节举办孝道主题教育活动、在"国耻日"举办"勿忘国耻，奋发向前"的主题活动，还有学雷锋主题活动等。

北海中学德育主题活动一览

1.德育教育每月活动主题：

☆元旦，举行辞旧迎新联欢会；

☆三月份的学雷锋活动月；

☆四月份的法制教育活动月；

☆五月份的青春风采展示活动月；

☆六月份的感恩教育活动月；

☆七八月份，暑期社会实践活动、家庭教育系列活动；

☆九月份的尊师重教活动月、文明礼仪活动月；

☆十月份弘扬民族文化、我爱读书活动月；

☆十一月份行为习惯养成活动月、古诗词背诵活动月；

☆十二月份阳光体育活动月；

☆元月、二月弘扬优秀传统文化。

2. 重大节庆日活动主题：

☆ 3～5月份，学雷锋特色教育活动；

☆ 3.8 妇女节，组织女教师、学生举办娱乐活动；

☆ 3.12 植树节，植树、护树、浇树；

☆ 3.28 安全教育日，主题班会，征文、演讲、知识竞赛，安全演练；

☆ 4月清明节，赴烈士陵园祭拜英魂，爱国主义教育；

☆ 5月份，成人礼仪式，高考壮行活动；

☆端午节让学生了解端午节的由来，可举行作文、演讲比赛等活动；

☆母亲节（5月第二个星期日），感恩教育活动；

☆父亲节（6月第三个星期日），感恩教育活动；

☆教师节，尊师重教活动；

☆中秋节，感恩教育活动；

☆国庆节，"爱我中华"征文书画朗诵比赛；

☆重阳节，尊老敬老活动；

☆ "12.4" 法制教育日，法制宣传活动；

☆ "12.9" 爱国主义教育活动。

3. 社团活动平台。

学校有海韵广播站、海贝文学社、时空记者团、第一辩论社、精武社等二十几个社团，这些社团活动丰富，学生在参加这些社团活动的时候，培养了自己的能力，提高了自己的服务和团队合作的意识，对他们品德的提高很有帮助。

4. 社会实践平台。

每年寒暑假，我校高一、高二的学生都要进行社会实践和社区服务，这是不可多得的德育机会。在服务社会、动手实践的过程中，学生融知识于生活，意志品质和学习能力都得到极大提升。

（四）拓宽德育渠道

1. 班会课堂唱响主题德育。

作为德育的重要途径之一，班会课在学校德育课程中发挥着重要的作用。有计划地组织与开展班会活动，是班主任的一项重要工作。

学校对班会课的要求是具体的，力求班会课针对不同的内容，做到形式多样，活泼丰富；班会的主题要求鲜明，杜绝空洞化的说教；班会课的内容要求充实，以达到良好的教育效果。

我们学校的班会课定在每周星期天晚上的 7:00—7:40，主要分为两种形式：一种是全校统一开展的主题班会；另一种是班主任针对班级出现的问题，自主设定的主题班会。

班会课已经成为班主任的一项常规工作，学校在对班会课的评价和检查上也有严格的规定。学校班会课实行推门检查制度，并列入文明班级考核。每次班会课后，要求各个班级将班会的主题、内容以文字形式呈现，并保留图片资料，上交到学校政教处做好记录存档。为了提高班主任开展班会课的质量，学校每年还要举办优质班会课比赛，这也促进了班主任业务能力的提升。

2. 学科课程融和德育目标。

教育是塑造人的阵地，学科课程是我们从知识层面对学生进行培养的手段。有学识而无品德，绝不符合新时代的要求。因此，利用好学科课程进行德育渗透，能起到浸润学生思想，提高学生境界的奇效。

这种浸润，是紧扣学科特点，润物细无声式的熏陶。历史、政治课程，有很多的德育契机。"公车上书""戊戌变法"，让我们看到了中国古代仁人志士"国家兴亡，匹夫有责"的社会责任感；历代王朝统治者最终因骄奢淫逸而亡国，则让我们铭记"忧劳可以兴国，逸豫可以亡身"的教训，乃知艰苦奋斗，在任何时候都不过时。

与注重文化思想的人文类课程相比，理工类学科课程也是很好的德育阵地。例如在物理、化学、生物课程里，科学家发现定理、创造发明都经历了艰苦卓绝的研究和实践，这体现出来的探索精神、顽强意志以及科学家淡泊名利、默默奉献的精神，对学生的人生观、价值观的形成都有积极的引导作用。

基于此，我们要求每个学期各学科组的教学计划里都要体现德育的内容，并在学期末的总结中进行检查落实，而且在学生的教学问卷调查中，也专门设置了相关的问卷内容，从大方向到小细节，对德育的开展进行有效的融合跟落实。

3.各种平台宣传德育思想。

利用"国旗下讲话"对学生进行思想教育。每周一的升旗仪式安排"国旗下讲话"环节。围绕"安全、卫生、文明、守纪、学习、感恩"等主题对学生进行思想道德教育，营造积极、健康、文明、向上的校园氛围。学校政教处、团委改变以往单一的说教模式，让每班推选学生代表在国旗下讲话，既让学生得到了锻炼的机会，也提高了国旗下讲话的教育效果，彰显了班级特色和教育的主题，增强了对学生教育的针对性和实效性。

利用校园广播传播正能量。校园广播有及时和普及面广的优势，学校领导经常利用课余时间对学生进行德育讲话。考前的纪律教育、放假前的安全教育，对校园突发事件的处理和教育，如校园突发失窃事件，分管政教的全梅山副校长、安保处的杨浩主任、政教处的杨振梅主任都利用校园广播对学生进行诚信教育，强化学生妥善保管个人财物的意识。各年级长也经常利用广播，对本年级学生的表现进行表扬或批评，教育及时而有成效。学校的表彰和处罚决定，都要通过广播告知全体师生，使得校园广播真正起到了鼓舞人、教育人和培养人的作用。

利用学校宣传栏展示德育成果。宣传栏是学校及时反映教育、教学、管理、服务、建设等方面信息和成绩的窗口和阵地。政教处高度重视校园宣传栏的育人功能，充分利用宣传栏搭建校园文化建设平台，积极营造健康向上的文化氛围。学校经常利用宣传栏及时展示校园活动剪影、知识普及、重大节庆活动图片，内容丰富，主题突出，图文并茂，反映了多姿多彩的校园生活和广大师生积极向上的精神面貌，充分展示了学校教育教学的成果，对学生养成良好的道德和行为习惯起到了积极的促进作用。

利用学校网站、微信平台和社团的官方微博展示师生风采。学校开展的活动都通过学校网站、微信平台和社团的官方微博及时向校内外宣传，丰富多彩的校园文化活动彰显了学校的育人理念，展示了师生的风采，在社会上发挥了正能量的引导作用。

4. 专业咨询开解学生困惑。

学校从 2000 年开始开设心理咨询室（最早称校园青草地），至今已走过了 17 个年头。从最早只有一名兼职教师发展到现在拥有 2 名专职教师、28 名国家心理咨询执证教师的强大咨询队伍。心理咨询室在周一至周四中午的 12:20—13:00、下午的 17:20—18:00 向学生开放心理咨询服务。开设心理咨询服务旨在减轻学生学业压力，排解心理困扰，缓解"高原反应"，教会学生进行自我心理调节，保持健康心态，为师生架起心灵对话的桥梁。

学生在与心理老师的对话过程中逐渐认识到自己心中的力量，寻找到解决问题的办法，增强了情绪调节能力，也提高了其对学习、生活的感悟和看法。通过咨询，促进了学生的心理发展，让学生不断提高自我成长能力，终生受益。

近年来，学校还专门针对高三学生开设"师生聊天室"。"聊天室"设在高三教学楼，学校安排领导或心理学专（兼）职教师轮流坐班。教师们在仔细倾听学生的提问后，针对学生心中存在的困惑与焦虑，充分利用教育学与心理学的相关知识，或作耐心细致的解答，或循循善诱解开学生内心存在的问题，帮助学生树立起正确的人生观和价值观，鼓励学生树立信心、迎难而上，打好高考、会考、联考的"攻坚战"。通过"聊天"，学生们感到：临考前紧张的气氛得到了有效缓解，心中积存许久的疑惑有了倾诉的地方，烦躁的情绪得以宣泄，非智力因素也得到了很大程度的开发。

二、形成和谐德育特色

经过长期的探索实践，学校德育形成了自己的特色，主要表现为"正""大""灵""雅"四气高和"清""规""序""多"四化明。

（一）"正""大""灵""雅"四气高

1. 正气。

学校坚持和谐教育的理念，以社会主义核心价值观作为培养学生的思想基础。社会主义核心价值观这 24 个字给学生带来满满的正能量，使得整个校园在日常的学习、生活中，形成树新风、讲正气的好学风。

2. 大气。

学校的德育，思接千古，面向未来，既传承传统的优秀文化，又与时俱进，开拓创新。学生在丰富的校园文化活动中，锻炼了自己的能力；在重大活动中，有底气有实力，淡定从容，显示出大将之风；在中外的交流活动中，北中学子展现了自己美好的品德，他们自信、自强，体现出新时代少年的大气风范。

3. 灵气。

北中的学生，思想有沿海地区学生独有的灵动与开放。他们在社团活动、学校生活中，自主策划组织，充分展示了创新思维，形式灵活多样，极富创意。

4. 雅气。

北中学子有很强的审美能力，每年的校园文化艺术节都是他们展示美的时刻。无论是交响乐演奏会、汉服设计大赛、古诗词大会，还是经典课本剧大赛，无不透着对雅的追求。

（二）"清""规""序""多"四化明

1. 目标清晰化。

每个学期开学，学校政教处都会作具体的工作安排，与校历一起发布，明确班主任在每个阶段的工作重点。

2. 管理规范化。

各部门职责分明，各司其职。对教师日常的出勤、教学等考核按照教代会通过的《北海中学教师职效考评方案》执行，有规可依。每个学科由备课小组进行管理，年级由年级长总管，年级长由校领导管理，责任层层落实，责权分明。

3. 推进序列化。

在构建德育新体系的过程中，学校既重视教育活动各要素之间的结构关系，又把不断变化的学生环境调整为不同层次的教育实践。高一的学生在军训时着重培养他们的习惯，主要是自学能力、生活的自我管理能力；高二学生在习惯养成之后，进一步强化他们的习惯优化；高三的学生则要成为习惯表率。这使学生的学习生活从无序到有序，逐步实现由浅入深、由低到高、由感性到理性、由具体到抽象的整体教育效果。

4. 形式多样化。

北中的德育手段多样，从家校联合到社区协助，从用宣传栏到广播墙报，从社团活动到各种比赛，寓教育于活动，让学生在丰富多彩的活动中，得到思想的熏陶。

第三节　反思得失，和谐教育步步登高

德育是学校工作的重心，人文与科学是我们高举的两面旗帜，和谐德育是我们追求的目标。这些年来，我们的德育工作本着人文的精神去管理、去教育，坚持用尊重、民主、关爱的作风营造温馨、和谐、奋发的育人氛围；坚持用和谐的方法培养和谐发展的人，以达到学校教育与社会生活的和谐、教师传道授业与学生生存发展的和谐、德育内容与德育形式的和谐。

总之，我们以和谐德育为目标，以学生的情感需求和兴趣为出发点，积极开展德育科研，构建了较为完善的和谐德育体系，使德育工作形成了生动、务实、持续、高效的北中特色，多次获得自治区级、市级的荣誉，可谓是硕果累累。

一、和谐德育喜结硕果

（一）立足和谐发展，培养了一支高素质的德育队伍

学校高举人文主义大旗，努力构建以学生为主体的和谐德育教育体系，但"育人者必先育己"，要使学生和谐发展，首先要让我们的德育队伍和谐发展。基于这种认识，学校不仅坚持用尊重、民主、关爱的作风营造温馨、和谐、奋发的工作氛围，而且坚持用和谐的方法培养教师，培养和谐发展的德育队伍。

1.通过"青蓝工程"培养了一批勇挑大梁的德育骨干。

"青蓝工程"除了积极地培养青年班主任之外，还起到了薪火相传的作用。它能够把老教师的德育经验很好地传承下来，这为学校德育事业的传承与发展起到了非常有效的作用。多年来，"青蓝工程"培养了一批批优秀的班主任，在学校德育工作中起到了举足轻重的作用。

2.定期开展班主任培训活动，助力班主任专业成长。

多年来，学校一直秉持"人文、和谐、开放、创新"的德育理念，在工作中明确目标，理清思路，突出重点，主次兼顾，全力为学生的全面、和谐、健康发展培养了一支专业强、素质高的德育队伍。为此，政教处不断改变工作思路，寻求最佳的工作方案，特别是近年来，开展了丰富多彩、形式多样的班主任培训活动，大批的年轻班主任在培训学习中得到成长，收获了累累硕果。

（二）优化育人环境，丰富了学校文化建设

多年来，学校以建设"一流的硬件、和谐的环境、厚重的文化底蕴的学

校"为目标，环境育人和文化熏陶并举，不断加强对校园文化的建设，优化了育人环境，有效地发挥了校园环境的育人作用。

1.完善和优化了校园硬件设施建设。

2013 年 8 月，总占地 420 亩、总投资 4.8 亿元人民币的北中新校区投入使用。这是迄今为止，北海单项投资最大的教育民生工程。新学校有目前广西最完善最先进的硬件设施。如何利用这些硬件设施，努力打造特色校园文化，使之成为我校真正的德育阵地，始终是学校的奋斗目标。学校通过"绿色植物造景为主，园林小品为辅，适当设置景点、标语、文化长廊"的办法，优化育人环境，丰富了校园文化内涵。近年来，学校先后被评为"自治区绿色学校"、北海市"园林学校"。

2.营造了和谐浓厚的文化氛围。

（1）搭建北海历史文化、校园文化长廊。2015 年以来，学校加大力度进行校园文化的建设。充分利用教学楼的墙面，建了一个北海历史文化长廊和校园文化长廊。北海历史长廊主要介绍了北海的变迁与发展，历史文化与现代建设等内容，建设长廊旨在让学生更加了解家乡，热爱家乡。校园文化长廊主要是展示我校近年来开展的特色教育活动以及重大的教学教育成果，建设长廊旨在加深学生和老师对学校办学理念的理解，也从中了解学校的办学成果，增强对学校的自豪感，激励学生为校增光。我们还在教学楼、实验楼走廊、楼梯墙面装饰名人名言、前沿科技、师生佳作等图片。别具一格的校园文化长廊为师生创造了优美的艺术环境，营造了浓厚的文化氛围，提升了校园文化品位，实现了人与环境的和谐。

（2）为学校楼宇、广场、道路命名。五栋教学楼的楼名均含"水"字，突出北海市的海洋文化特色，"文"字起头体现文化教育的特质，分别是"文润楼""文泽楼""文瀚楼""文渊楼""文鸿楼"。其他的功能楼，如"励行楼""博学楼""明德楼"；宿舍楼命名均从《诗经》中选取，如女生楼"洵美阁"出自《国风·邶风·静女》，"自牧归荑，洵美且异"；男生楼"鹤鸣轩"出自《诗经·小雅·鸿雁之什·鹤鸣》，"鹤鸣于九皋，声闻于天"。还有道路的命名，主干道从南向北依次命名为"大成路""大智路""大器路"，分别出自《礼记》《荀子》《管子》，也都寄寓了对学生的期望——不仅要实现个人的全面发展，取得个人的成功；同时要胸怀天下，关爱社会，服务社会，成为民族、国家之栋梁。

（3）进行最美教室、办公室评比。为营造美观大方、整洁有序的班级环境，打造班级文化特色，鼓励学生学会欣赏美、创造美，树立学生的"主人翁"意识，学校每个学期都开展"最美教室"与"最美办公室"的评比活动。获奖班级都能在教室门口挂上"最美学习环境"的牌子，以示表扬和鼓励。美是教育发生的起点，也是教育抵达的目标。"最美教室""最美办公室"评比活动展示了学校师生们的无限创意，充满了独特的文化气息，既注重整体和谐又突出个性，让人耳目一新，对进一步创设良好的育人环境，充分发挥学校文化在教育中的作用，促进学校德育工作和办学水平的不断提高，以及构建完善的文化育人体系均起到了积极的推动作用。

（三）抓好养成教育，奠基和谐人生

播种习惯，收获文明；播种行为，收获美德。为实现工作的主动性、针对性与实效性，学校各项德育工作均致力于学生良好习惯的养成，以此带动其良好道德品质的形成。多年来，学校进行了让遵纪守法、爱国爱乡、热心助人、爱护环境、珍惜生命、心志健康、热爱学习、喜爱健身、尊老爱幼、文明礼貌成为习惯的系列主题教育活动。

学校组织多种多样的活动来巩固教育成果，如每周确定一个主题，全校召开动员大会，并要求班级内部召开四次"养成教育"为主题的班会，有侧重地进行养成教育大讨论，制定出本期各班级的养成目标。而且，针对每周主题，举行形式多样的活动来巩固教育成果，比如各种主题的黑板报比赛、征文比赛、演讲比赛，城乡清洁活动等，让学生在丰富多彩的活动中接受爱国主义教育、安全教育、文明礼仪教育等。学校还开展班主任行为习惯养成教育班会课赛讲活动，班级养成教育成果展示等，给各位班主任提供交流方法、分享经验的平台。

政教处将学生良好行为习惯养成教育纳入常规检查中，师生在总结与反思中获得成长。比如，规范学生的仪容仪表。学校政教处每个星期不定期进行一次仪容仪表检查，检查的结果和"文明班级"评选挂钩。通过一段时间的整治，学生渐渐养成了良好的行为习惯，精神风貌良好，着装整洁得体，神态从容淡定，举止大方端庄，心态乐观积极。再如，加强卫生评比。学校强调把搞好卫生同培养良好行为习惯视为一体，政教处每天都要组织学生干部对各班的室内外卫生进行评比。学校团委会还开展了"环保，从我做起"环保活动，各班学生都能积极行动起来，不乱扔废弃物，自觉收集饮料瓶和废弃纸张。学生在活动中体验到受教育的乐趣，提高了思想素质，收到的成效也非常明显，现在的校园非常干净、整洁。在活动的过程，学生学会了自我反思、自我发展、自我教育，同时也激励了学生的集体主义荣誉感和责任感。

（四）搭建和谐平台，张扬了学生个性

我们根据学生的兴趣、个性爱好、特长发展，为他们提供张扬个性、展示风采的舞台，包括社团活动、"三大节"活动。

学校目前共有学生社团 24 个，涵盖了各个学科和学生的各种爱好，学校几乎每天都有社团在开展活动。丰富多彩的社团活动激发了学生追求个性发展的欲望，每一个学生都能在校园里找到合适自己的舞台与位置。多年来，学校通过学生社团建设给全体学生构建个性发展、展示才华的空间，让各类有差异的学生都能在自信地天空里翱翔，都能自由和谐地发展，从而达到教育的终极目标。

"三大节"活动每年各举办一次。学校把"三大节"主办权交给学生，由学生自筹、自创、自编、自演，成为他们展示风采、发挥专长、展现才华的绝妙舞台。鼓励学生"在学中做，在做中学"，充分发挥创造潜能，锻炼动手能力，发展个性特长。"艺术节"充分展现了学生在审美和艺术上的才华，在书法、绘画、小品、戏剧、表演等比赛中，人才辈出，色彩缤纷。

近十余年来，从全市到全区乃至全国各级文艺、体育、科技赛事及活动中，都活跃着北中学生的身影。李明钊、陈亮、潘文倩、张唯一等先后在广西青少年锦标赛或广西中学生运动会中获得羽毛球比赛第一名；莫屈、李柄谦先后获得全国中学生锦标赛羽毛球比赛第一名，分别于 2009 年和 2015 年考入北京大学；学生潘祖妃、黄朝荣参加全区第九届运动会获得 2 金 1 铜的好成绩；我校啦啦操队 2015、2016 两年连续获得北海市啦啦操比赛一等奖的第一名；我校学生舞蹈作品《酥油飘香》荣获广西壮族自治区首届中小学生文艺展演一等奖、付麒麟获女声独唱《英雄》获一等奖；廖宇翔获得北海市中小学文艺汇演独唱一等奖，潘晓考入北京大学，在北大 100 周年校庆上以一曲钢琴独奏技惊全场；苏茂获得全国第十届青少年科技创新大赛一等奖、长江小小科学家发明大赛二等奖，其本人获得"英特尔少年英才奖"；学生杨兆万在全国第三届电脑动画制作大赛中获二等奖；梁筱路、叶妍荣获广西青少年科技创新大赛获一等奖、全国青少年创新大赛二等奖；"海贝""时空"两大社团自编自写自排的刊物《海贝》《时空》连续四年获全国中学生优秀校园刊物称号。

学校德育工作犹如一棵枝繁叶茂的大树，深深根植于北中这片沃土中。岁月的斗转星移，见证大树的春华秋实，"诚、毅、勤、朴"是她的繁茂枝叶，"和谐、开放、创新"是她结成的累累硕果。经过一代代"追求卓越、敢为人先"的北中人的不懈努力，学校德育工作成绩卓著，相继被授予"团中央五四红旗团委创建单位"、自治区"绿色学校"、自治区"德育先进集体单位"、自治区"校园文化建设先进学校"、自治区"五四红旗团委"、"广西家庭教育示范基地学校"、自治区"普法先进单位""学生军训先进单位""安全综治先进单位"、中国科协青少年创新实验学校、广西中小学发明创造示范单位、中国海洋意识教育基地、教育部第一批心理健康教育特色学校、全国传统体育项目学校先进单位、全国"全民健身先进单位"、全国"五一劳动奖状"、广西壮族自治区先进基层党组织、全区中小学德育工作先进集体等荣誉称号。

二、学校德育工作反思

随着对德育工作认识的加深，学校全面育人、全员育人、全程育人的观念逐步形成，取得了显著的成效。但是，当代青少年的德育工作面临着史无前例的挑战，我们的德育工作还存在着一些薄弱环节和不少的问题。

（一）存在的不足

1.执行评价标准不力。

2013年，北中成为教育局绩效考核改革试点学校以后，对包括班主任绩效考核、班级量化考核和宿舍量化考核的德育内容进行了实施标准的制定，学校组织了大量的相关人员进行讨论修改，确定了班主任绩效考核由班主任个人工作量化、班级量化和班级成绩量化这三个方面来体现。但是在近三年的实施过程中，出现了一些值得反思的问题和现象。

比如，在班主任个人工作量化考核中，那些工作不够积极、比较懈怠的班主任并没能在考核结果中得到体现，在平时的考核时硬性指标太多，有些考核指标，像科任老师协调会、班主任对科任老师评议等，都无法在实际操作中达到想要的效果，所以就出现了草草应付检查的现象。还有在进行班级量化考核时，因为主要依托的是学生的参与，学校层面上参与得不多，就会出现因学生能力和水平差异而导致的呈现结果不够客观和理想的局面，而如果把教师参与引入到对班级的量化考评中来，但在目前的绩效标准的设计上又没有得到体现。

2.学生成长档案记录缺乏连贯性。

按照国家对于新课程标准的设置，学校应该对每个学生都建立个人成长档案，并及时、规范地把学生整个高中过程在社会实践、研究性学习、社区服务等方面的表现予以记录和呈现。但是由于北中的硬件条件不允许，不能像其他学校找专门公司设计出符合实际操作的软件系统，在人员配置上，没有专人负责指导这方面内容，对班主任的相关培训不到位，要求不明确，所以在具体的档案记录工作上比较滞后，也缺乏连贯性。

3.学生自主管理参与面还不够广。

北中在鼓励学生自主管理方面还是做得比较好的，特别是在社团的开展、学生会组织各项活动等方面还是有所建树的。但是如果眼光再放得广一些，让学生参与到年级的常规事务管理中来，越是日常和繁细的管理，就越显得力不从心。比如各个年级都会建立各自的学生自主管理委员会，对于本年级学生的纪律和学习进行管理和指导，但是如果让学生去做，他们通常会不知道从哪里入手，出现了问题后不知如何解决，如何寻求帮助和支持，而且对于整个团队的管理，如何协调各个部分的关系等显得较为薄弱。所以，如何提升学生的管理协调能力和团队协作能力，从而拓宽学生自主管理参与面的问题是非常值得反思和探索的。

（二）工作的困惑

1. 制度缺乏政策支撑带来的不和谐。

学生的许多行为需要规范，但学校在制定相关处罚条例时缺乏法律依据，如学生早恋问题、使用手机问题、购外卖进校园问题等。这些现象和问题客观存在，影响了学校正常的教学秩序。学校应该处罚，但对如何处罚及处罚到什么程度的问题上，感到茫然。作为老师也感到为难，看到学生拿手机，是收缴还是听之任之？的确，像北中这样一个有 420 亩面积的学校，班主任有急事要找班干部，教师有事要与科代表联系时，对部分学生拥有手机是睁只眼闭只眼的。可学校布置突击检查时，是收还是不收呢？

2. "家校共育"的不和谐。

学生的成长离不开家庭、学校、社会三方面的共同管理。教师教学压力很大，班级人数多，不可能在每一个学生身上都花费巨大的精力。而某些家长习惯迁就自己的孩子，无形中加重了学校、班主任管理的难度；更有甚者，认为教育学生完全是学校的事。这样的学生家长，这样的家庭教育背景，家校共育就无从谈起，学校单方教育的效果就可想而知。

3. 民主、开放与强硬、封闭的矛盾。

和谐、开放、创新，是学校和谐教育的内涵。多年来，在民主、开放的管理氛围中，学生的创造力、想象力得以发挥到极致。但也正因为相对宽松的管理，部分学生不能很好地约束自己。特别是搬迁后的北中，实行封闭式管理，这必将带来更多强硬的管理制度。这先后的一松一紧必将带来矛盾。而松紧的度应该如何把握？如果把握不好，和谐教育就难以和谐了。

第七章

专业师资：推进和谐教育落实

第一节　　和谐教育视野下的北中师资队伍 SWOT 分析

一、北中师资队伍组成情况

（一）教师总数

在职在编教师 241 人，其中男教师 92 人，女教师 149 人，男教师占全校教职工总数比率为 38.2%，女教师占全校教职工总数比率为 61.8%。

（二）年龄结构

教师平均年龄 37.2 岁，其中 35 岁以下青年教师 95 人，占总人数的 39.4%；36 岁至 50 岁中年教师 106 人，占总人数的 43.9%；51 岁以上教师 40 人，占总人数的 16.5%。

（三）学历结构

北中现有专任教师中，具有本科学历的有 240 人，占总数的 99.6%；硕士研究生学历 24 人，占总人数的 9.96%。

（四）职称结构

北中现有专任教师中，高级职称 96 人，占总数的 39.8%；中级职称 67 人，占总数的 27.8%；初级职称 78 人，占总数的 32.3%。

（五）人才结构

北中现有专任教师中，国家级骨干教师 4 人，自治区级骨干教师 4 人，自治区级 A 类人才培养对象 8 人；市级特聘专家 1 人；市级学科带头人 10 人；市级名师培养对象 6 人；特级教师 2 人；参加研究生班学习结业 53 人。

（六）地域结构

北海本地教师 112 人，占教师总数的 46.5%；北海以外广西区内教师 76 人，占教师总数的 31.5%；外省教师 53 人，占教师总数的 22%。

二、师资队伍 SWOT 分析

（一）S（优势）

1. 老教师德艺双馨的光荣传统。

北中已建校 91 年，逐步形成了和谐教育的办学理念，优秀教师可谓层出不穷。20 世纪 80 年代左右，涌现了庞亮、冯祖毅、劳以英、吴廷贯、劳波禧、陈婉芬、陈明琇、范均等优秀教师；到 20 世纪末，又涌现出陈振柱、韦红佩等特级教师。他们热爱教育事业，热爱学生，关心学生，专业知识精深，专业技能高超，成为教师们学习的榜样。

2. 中年骨干灼灼发光承前启后。

进入 21 世纪，恢复高考后的几届毕业生刚好成为学校的主力军，他们的教育观念、教学方法、专业知识、业务能力紧随时代车轮，不断地更新、拓展、充实、提升。他们坚持"和谐教育"的办学思想，秉承"追求卓越、敢为人先"的北中精神，在不断收获和进步的过程中，提高自身的效能感和成就感，享受到更多的职业乐趣，感受到自身价值和才能的发挥，较好地把握住时代脉搏，既继承了前辈的光荣传统，又开拓着北中教育的美好未来。

3. 后起之秀开拓进取扬帆起航。

21 世纪以来，世界进入互联网时代，年轻的一代教师，思维活跃，敢闯敢拼，多渠道的学习方式也带来了教育的革命，他们成为北中教师队伍的后起之秀。

4. 引进人才注入活力昂扬振奋。

学校在 20 世纪 90 年代就形成了"三三制"结构，即大约 1/3 的北海本地人，1/3 北海以外的广西人，1/3 的全国其他省份的人，他们来自新疆、内蒙古、黑龙江、湖南、湖北、重庆、甘肃等21个省、市、自治区。大家从五湖四海走到一起，彼此交流，互相协作，既有利于智慧的碰撞、先进文化的融汇，又充分显示了学校办学的包容性、开放性。近几年，学校还引进了研究生和外地高级教师，高学历和高水平的教师越来越多，氛围越来越好。

（二）W（劣势）

1.新校偏僻，学校、家庭照顾两难。

学校远离市区，教师家庭与学校相隔较远。这在无形中增加了教师的时间成本和经济成本，尤其对家庭负担比较重的教师来说，照顾小孩和老人的困难都增大了。教师每天往返于学校与市区之间，在一定程度上影响了其研修的积极性，也影响了教学质量的提升。

2.校区变大，设施设备跟进不足，巧妇难为无米之炊。

新学校外观高大上，但是架子大，内容不多，许多配套设施没有预先跟上，如没有教师周转宿舍，没有较好的实验设备，没有绿荫，刚搬进的时候部分老师甚至没有配好新的办公桌椅，电脑数量不能满足每人一台。

3.年年扩招，大量引进青年教师，教学经验不足。

由于连年扩招，引进了大量青年教师，教师队伍持续发展能力受到挑战。人才引进政策所有市直属学校一个标准，最需缺的最优秀的创新型教师并没有完全引进。

4.名特教师数量不足，专业和榜样引领不够。

学校各类人才（特级教师、骨干教师、学科带头人、教学名师等）数量较少，与广西名校不相符，不能适应学校教育发展的需要。各级教育行政部分对学校教师的评优评先没有相应的支持，不少优秀的教师没有得到应有的名誉和地位。

（三）O（机会点）

1.上级领导帮扶关注。

北海市委市政府、北海市教育局很关心学校的发展，正在想方设法解决学校的实际困难，包括资金支持、政策倾斜、为教师解决实际家庭生活困难等。市教育局出台优惠政策，招聘引进教育人才；通过名校长名师培养工程，培养名师精英；通过名校长名师工作室，强化优秀教师团队的建构，这一系列举措将带动更多的教师走向专业化发展。国家加大力度举办各级各类教师培训，从国培区培市培到学校一级的校本培训，为教师成长提供了越来越多的有利条件。

2.社会各界热切关心。

北海经过三年跨越发展，经济实力提升，一批单位和企业对北中也加大投入，支持学校建设，支持教师发展。如北海市炼油厂、北海工业园区管委会、北海市水警区、北海市军分区等，长期与北中合作，给予大力支持。目前还有更多的企业有意愿和北中合作，关心帮助北中。

3.友好学校鼎力相助。

北中与美国塔尔萨市华盛顿高中、杭州二中、上海格致中学、北京四中等国际国内名校是姐妹学校，长期互相交流学习。充分利用名校资源，学校每年派出骨干教师出去蹲点学习培训，促进了教师的专业化发展。尤其是杭州二中，曾经的校长叶翠微是北中老校长，一直关心北中的发展，对北中的支持尤其大，最近两校正在教育局的支持下筹建同步奥赛辅导远程直播教室。

（四）T（威胁）

1.优秀文化传承面临断裂。

学校搬迁新校区后，原校区留给了北海一中，新北中没有了老图书馆（陈铭枢纪念馆）、没有了读书亭，没有了大榕树和菠萝蜜，这给不少老师——更不用说校友，带来了不少疏离感。"追求卓越、敢为人先"的北中精神固然还是我们的口号，但是如何继承发扬北中最美好的传统任重道远。

2.绩效工资制度带来纷扰。

学校虽然仍在尽力完善新的绩效工资制度，但依然矛盾重重，纷扰不断。那种埋头本职，兢兢业业的工作风气受到严重冲击。加上新校区远离市区，教师住房得不到解决，家庭得不到兼顾，其自我提高的内动力有所下降。

3. 新时代新观念接受困难。

高中新课程改革要求教师必须拥有全新的理念，如全新的课程观、教师观、学生观、人才观等，可是部分教师专业发展相对滞后，教学方法、创新意识和创新能力不能很好地适应教育发展的需要，而大批的青年教师如果引导不好，有可能会被因循守旧的老教师同化。

4. 培训经费紧张进修不足。

搬迁新校区后，学校正常运转所需的成本加大（包括水电、维修，更有大批保安、保洁、饭堂临时工的工资支出），教师发展所需的教师培训经费逐年减少，无法满足教师培训的要求。尤其是非骨干教师和非高三教师，长期得不到培训，以致变得视野狭窄、认识肤浅、缺少动力。

第二节　和谐教育视野下的师资队伍建设

一、师资队伍建设的目标定位

打造一支适应北海最优质高中的最优秀师资队伍——热爱教育、关心学生、业务精湛、各有专长、快乐幸福的北海中学教师队伍。

（一）实现教师生命价值和职业价值的和谐统一

为了打造出一支高素质和谐型教师团队，学校不仅关注教育理论的实践方式、方法和技术等问题，更加注重让教师在不断的自我反思中建构新的职业价值观，追求更高的自我价值，并且能在追求的过程中体会和享受职业内在无法替代的幸福、尊严和价值。让每一位教师在学习和发展的过程中尽显自己的生命活力和创新品质，变得自信、自强。对教师而言，这是一件幸福的事，因为它实现了生命价值和职业价值的高度和谐；对学校而言，学校也拥有了活力，蕴含着巨大的发展潜能。因此，我校把教师的职业价值观提升作为打造高素质和谐型教师团队的首要问题和关注点。

（二）实现教师角色自我与个性自我的和谐统一

教师是一种特定的角色，需要自己独特的个性。作为一种角色，教师要按照职业所要求的规范和原则行事；作为一种个性，教师要对自己的内在需求即情感世界加以真实地把握。作为学校，应该让教师实现角色自我与个性自我的和谐统一，做一名幸福的教师。让教师都能在超越了角色自我之后，展示出丰富的个性自我，使他们的教育活动成为极具个性魅力的艺术，从而赢得学生的信赖、支持和尊重。

（三）实现教师成长与时代发展的和谐统一

随着科学技术的发展和网络信息的海量增长，新课程所涵盖的知识在深度和广度上高度体现了学科的交叉、整合与延伸。对教师而言，过去那种以不变应万变的知识累积已被今天的时代所抛弃。过去常说，要给学生一碗水，教师要有一桶水。今天看来，教师有一桶水还不够，要有一池水，一池长流不息的活水。学习是新时代教师与时俱进的法宝。时代要求教师爱学、知学、会学，要在信息化时代真正履行一名合格的教师对学生所起到的价值引导、智慧启迪、思维点拨的神圣职责。教师要由一劳永逸的学习完成者转变为与时俱进的终身学习者。

二、师资队伍建设的核心任务

（一）加强师德教育，积淀育人情怀

随着市场经济的深化，教师队伍也受到了冲击。加上目前学校面临着发展瓶颈，学校远离市区，住房没有解决，直接带来的是教师上下班的不便。学校封闭式的管理要求教师坐班，甚至住校，教师在家庭与学校、家人与学生之间面临两难抉择。吃饭、交通问题更使教师生活成本增加。不少教师有所抱怨，更有部分教师实在无法解决因此带来的家庭矛盾而要求调离。在这样的大背景下，一味地要求教师奉献，难度可想而知。当然，抛开种种外在因素，教师队伍中当然也存在少数人思想政治水平不高、业务能力不强、治学不严谨等问题。因此，加强师德建设，对于提高教师工作的积极性、主动性和创造性，保持创新能力和科技竞争力，建设高素质的教师队伍，具有重要意义。

教师这个职业永远是奉献多、收益小。我们希望通过加强师德教育，使教师队伍的整体素质得以提高，让更多的教师提高觉悟，坚定意志；让更多的教师在物欲横流的今天仍旧能怀抱远大的教育理想，坚守校园的一方净土，积极投身到教学改革的浪潮中，付出自己的心血和智慧，谱写教育的华彩乐章。

（二）提高专业素养，打造精英团队

教师是办学的主体，是学校发展的资源和资本。教师队伍专业化发展是提升学校教育品质的不竭动力。关注每一个教师的成长，让每一个教师都获得充分发展，是学校追求自身发展的必然选择，也是管理的精髓所在。新课程改革，强调教育的根本目的是为了每一个学生的发展，而教师为了更好地服务于学生的发展，就必须提高自己、发展自己。因此提高教师的专业素养、打造精英团队是一所学校得以发展的前提保障。提升教师专业化素养，要求每一个教师树立终身学习的思想，不断学习现代教育思想、教学理念和新课改的精神实质。只有不断学习，才能满足不断变化的教育改革的需求；也只有不断学习，才能不被这个社会淘汰。当前，学校不少教师面临着教学任务繁重、工作压力大、个人待遇相对较低的局面，这些都直接导致教师专业知识与技能无法"再生产"，教师的教学工作成了简单的再重复。所以，提高教师专业素养，打造精英团队在当下尤显重要。

（三）增强情感归属，提升生命价值

人的归属感是一种生理、心理上的全方位需求，如果他所在的团体能让他的这种需求得到实现，必能换来他全身心的投入与奉献。归属感是个人对团体的一种依赖、信任。教师对学校的归属感能使教师对教育事业产生高度的信任和深深的眷恋，从而使之在潜意识里将自己融入到教育教学工作中，将教育事业作为自己工作的出发点和归结点。教师对学校的归属感，能使教师产生内在的自律性，规范自己的行为，帮助教师理解学校的各项管理决策，把学校的发展与个人荣辱视为一体，从而激发教师的潜力，使教师发挥更大的主动性和创造性，以主人翁的角色对待学校的各项工作，把工作压力变为动力，在困难中创造新的成绩，从而实现个人价值，进而提升教师的职业幸福指数。当前，我校教师由于种种压力造成的职业倦怠，不容忽视，从长远发展的角度来看，这是学校发展的潜在障碍。增强教师的归属感在当前形势下尤为重要。

三、师资队伍建设实践的整体思路

（一）师德为首，常抓不懈

1. 加强组织领导，落实师德建设责任。

学校实施师德师风建设责任制，成立了以校长、书记为组长，副校长为副组长，年级主任、年级书记为组员的师德师风工作领导小组，把责任目标落实到各有关岗位及责任人；把师德师风建设列入重要议事日程，并结合学校工作实际，制订切实可行的师德师风工作实施方案，确定了具体的实施步骤及工作措施，包括加强师德档案管理、完善师德监督体系、强化师德建设责任。

2. 加强理论学习，促进教师爱岗敬业。

为了促进教师爱岗敬业，学校定期组织教师进行理论学习。通过组织学习，让广大教师明确师德规范要求，深刻地认识到教书育人责任之重大，教书育人使命之光荣。首先是学习法律法规。离开了法律法规，师德建设便成了空中楼阁。学校组织全体教师参加定期举行的普法考试，以此不断提高依法执教意识和遵纪守法自觉性。其次是学习师德要求。通过学习让教师准确把握新时期师德内涵，以此不断改进工作作风，真正做到为人师表。

3.创设有效载体，开展师德师风建设。

学校通过开展各种活动，力争从多方面多角度挖掘身边的典型，以点带面，放大亮点效应，以此形成校园中良好、浓郁的师德师风底蕴。具体包括：举行师德演讲比赛，传递扎根教育、热爱教育的正能量；开展最美教师评选活动，对学校中涌现出来的为人师表、爱岗敬业、热爱学生的优秀事迹进行宣传，使这种精神深入到全体师生的心中；开展班主任德育经验交流活动，通过鼓励优秀、宣传优秀，有效激发了教师献身教育的热情，调动了教师工作的积极性、主动性和创造性。

（二）业务过硬，分层打造

为了建设一支高水准的教师队伍，为了促进每一个教师的专业发展，学校从教师职业生涯发展的角度提出"136918"系列培养工程。

"1"即一年适应。对于新进校的教师，有一年的适应期和见习期。在这一年里，学校将给新进教师安排一位师德水准高、教育教学业务强的老教师进行一对一的帮扶，即"结对子"师徒帮扶活动。在这一年内，除了完成常规的教育教学工作以外，新进教师必须每周至少听师父一节课，每月师父必须听徒弟一节课，进行交流指导。新进教师要参加学校组织的汇报课活动、教学技能大赛和其他教研活动。利用这一年时间，熟悉学校环境、熟悉教育教学、熟悉教育教学中的每一个环节，做到学生喜欢、家长放心、同事认同。

"3"即三年合格。要想成为一名真正合格的教师，必须经过三年教育教学实践。一般情况下，三年时间内带一届毕业班，用教育教学质量的来进行检验。因此，作为北中教师，必须完成高中阶段一个周期的教育教学工作。

"6"即六年成为骨干。努力三年，带出一届优秀毕业生，容易做到，但并不等于有这一届的成绩，就有了资本，可以躺在功劳簿上享受。事实上，一个教师带第二届学生时，是经验丰富、精力旺盛、最容易创造辉煌的黄金时期，学校必须加强对这一时期的教师的培养。因此学校提出在校任教六年，承担两届毕业班学生的教育教学工作，并且将教育教学质量优秀作为评选校级骨干教师的必备条件。

"9"即九年成为学科带头人。所谓学科带头人就是师德高尚，教育教学教研都是本学科教师的佼佼者，是得到本学科教师钦佩和认同的老师。这样的老师不仅教育教学质量高，而且师德高尚；不仅在本校出色，而且在北海地区乃至全自治区都是非常有声望的；不仅教育教学能够让同仁佩服，而且在教研方面也能让人信服，在"传帮带"方面起模范作用。

"18"即十八年成为一方名师。一方名师就是在广西区内乃至全国都具有一定影响和有知名度的教师。这样的老师不仅在教育教学教研方面出众，师德堪称楷模，而且能够抓住机遇，通过一定的形式展示北中教师形象。他们是学校的财富，也是学校的形象代言人。

（三）幸福完整，多管齐下

1.满足教师的合理需要，让教师多一分尊严。

一是满足教师培训学习的需要。学校每年拿出大笔经费让教师走出去参观学习，参加各级各类教育教学科研活动，帮助教师拓宽视野，增长见识，也促进了教师的专业化发展。二是满足教师走向成功的需要。学校要发展，就要给教师一个辉煌的舞台。学校的使命就是搭台，让每一个角色都演到位，要把教师推到前台，让教师做主角。三是满足教师参与学校管理的需要。学校建立教代会制度并定期召开会议，设立校长信箱，并给予及时的反馈。教师参与学校管理，不但增强了教职工的主人翁意识，还为学校提供了有价值的决策依据，有利于学校工作的改革和发展。

2.关注教师家庭幸福，让家成为教师心灵的港湾。

家庭是教师稳固的后方，教师只有家庭幸福，才能做到精神愉悦，才能以良好的精神状态投入到教育教学工作中。学校定期举行婚姻家庭主题的培训活动、模范家庭的评选活动，培训活动让教师以更加理性的观念看待自己的婚姻，学会正确处理婚姻中出现的问题。模范家庭的评选活动，让学校这个大家庭中的模范妻子、模范丈夫引领学校新风。

3.关注教师心理、生理，让教师做自己的主人。

教师职业压力大，容易出现职业倦怠。对教师进行"教师职业压力管理"等专题讲座。通过讲座，让教师了解压力产生的根源、正确认识压力、学会释放自己的情绪等。对提高教师的身心健康，起到了很好的调节作用。通过全员参加心理导航培训，帮助教师正确认识职业特点，缓解了教师的工作压力，有效克服了教师的消极情绪。

4.开展丰富多彩的活动，提升教师的情趣。

对教师的关心，不仅体现在关注教师专业技能的提高上，更体现在关注教师的身心健康上。学校充分发挥党总支和工会的职能作用，定期开展形式多样的文体娱乐活动。如教职工球类比赛、元旦春节联欢晚会、教师节游园活动、青年教师联谊会、茶话座谈会、教师读书沙龙等，在丰富多彩的活动中，教师身心得以放松，团队凝聚力得以增强，情趣也得到了提升。

四、师资队伍建设实践的核心举措

（一）参加培训，提升技能

多年来，学校一直重视教师培训工作，特别是2012年实行新课改以来，为了让广大教师更快地适应新课标，学校严格按上级要求，组织教师参加了相关的学科培训活动、通识培训活动、骨干教师培训活动等。

1.走出去，拓宽视野。

为了拓宽教师的视野，接触前沿的教学理念、全新的教学思维、创新的教学方法、多样的教学手段，我校每学期分批次组织骨干教师"走出去"，特别是高三全体教师每年都外出到课改先进地区先进学校蹲点学习，高一高二年级骨干教师、新上任的中层干部每年到杭州二中蹲点学习等，都收到极佳的培训效果。

2. 请进来，取长补短。

为促进教师专业成长，提高教育教学质量，加强学校教育管理，推动学校发展，近年来，我校乘着北海市教育局开展"北海教育周"的春风，有幸迎来著名教育专家陶西平、田京生，北京十一学校李希贵校长、广西师范大学教育科学院孙杰远院长等专家学者为教师作学术报告、专题讲座，上示范课，进行深度交流，通过取长补短，有效促进了教师的专业成长。

3. 校本培训，同样精彩。

此外，学校还在校本培训方面大做文章。几年来，我们请身边的名师为教师们讲走出去的故事，讲他们学习理解的高效课堂，利用本校教师资源进行灵活多样的校本培训，如杨迅副校长作"唤醒校园沉睡的数据"的报告、全梅山副校长作"师德体现在细节之中"的师德培训、韩真老师作"我的外教经历及感悟"的主题交流、韩虹老师作"国际化教育视野及实践感悟"的主题讲座、黎敬锋主任作"新课程背景下高中有效课堂的构建"的专题培训等。这一系列的培训，对学校全体教师的理论水平、专业技能水平的提高都起到了极大的推动作用。

（二）参加赛事，练就本领

1. 师德演讲比赛，心灵的洗礼。

为进一步加强教师职业道德建设，提升教师队伍整体素质，学校从2000年开始每年举行一次教职工"树师德，铸师魂"演讲比赛。比赛由科研处组织，分高一、高二、高三、行政后勤四个组，每组推荐大约3名选手参赛，比赛评出一等奖二等奖若干，全体教职工与会，听取演讲者发自肺腑的演讲。十几年来，大多数教职工都有机会参与该活动，每次活动会场气氛热烈，台上老师倾诉心声，台下老师掌声阵阵。每次活动既是老师的风采展示，也是一次全体教职工的心灵洗礼。

2. 各级优质课比赛，展示的舞台。

为进一步推动教学改革，提高教学质量，增强课堂教学的有效性，促进教师教学水平的提高，每学期从全区、全市到学校都会筹划、组织教师参加各类优质课比赛活动。各种比赛给教师提供竞争、提高的平台，广大教师认真准备、积极参与，在活动中不仅加强了自身对教学业务的领悟，也通过听课、评课等交流方式，向身边的同事学习先进的方法和经验，营造了积极向上的良好氛围。

3.教师业务考试，历练的平台。

学校一直重视教师业务水平的提升，教务处每年春季学期进行一次高考模拟试题的业务考试，要求45周岁以下的教师必须参加。如果连续三次获得优秀等级，可以免试。业务考试，让青年教师深入了解了高考命题方向，更加熟知学情，有利于日后教学的有效落实。这样的业务考查形式，对青年教师来说是最好的历练方式，每一次历练都像是搭建起一层台阶，助青年教师迅速成长成熟，不失为教师发展的有效途径。

（三）站稳讲台，展示风采

1.汇报课、研究课、示范课。

为提升课堂品质，提高教师专业素养，学校多年来一直实行"汇报课、研究课、示范课"三课制度。

汇报课：按教务处要求，凡到学校工作未满三年的"新"教师，每学期开学第一周都要上汇报课。一般来说，一个新教师，经过三年的汇报课磨炼，很快就会合格，进而成熟。

研究课：学校规定各备课组的每个教师要上至少一节研究课。开学初，备课组要将上课教师、研究项目、课题上报教务处。一般来说，研究课要求研究的课题要与备课活动的教师的中心发言主题相结合，研究课其实就是教师集体备课中心发言人的研究成果的汇报。

示范课：学校每学期的开放周，安排每个教研组的骨干教师或资深名师代表本组上示范课。上课安排要提前一到两周上报市教科所并通知到各兄弟学校。课堂虽然是教师个人的展示，但学校要求各教研组各备课组要动用全校的力量，上好示范课，必须要表现出北中优秀教师的水平与风采。课后做好评课，总结得失。

2. 名师讲堂。

学校不定期举行名师讲堂，有的面向学生，有的面向教师，还有的面向全市师生。比较常规的做法是：新学年开始，学校从每个学科中选一个有影响力的教师开设学科学习方法讲座。在高三阶段，安排 2～3 次各学科高考备课方法讲座。每学期不定期，安排学有专长的教师就自己熟悉的领域开设讲座。讲座内容范围不限定，只要能引起学生的兴趣，有所拓展、有所启迪即可。多年来，学校组织的名师讲堂深受广大教师和学生的欢迎。

（四）多元激励，促生成果

1. 鼓励"成名成家"，著书立说。

学校鼓励教师成为名师，凡是写论文参赛和发表，参与编写书籍出版的，都予以绩效加分的奖励。除此之外，学校还鼓励教师外出讲学，获取各种荣誉。如学校杨迅副校长和全梅山副校长获取特级教师称号，并取得广西壮族自治区教育厅特级教教师工作坊资格，成为远近闻名的专家。学校积极为她们提供方便，尤其是外出讲学。

2. 鼓励教师开发课程。

学校对能进行课程开发的教师进行绩效加分，对没有开发新课程、不能上选修课、不能指导研究性学习或社会实践的教师扣绩效分，目的就是要让教师从课程开发中促进自己的专业发展，在专业发展中找到成就感和自豪感。学校尤其鼓励年轻教师开发大学先修课程，并提供很多大学进修或到发达地区的著名学校访学的机会。

3. "我最喜欢的老师"和"老师，我最欣赏你……"

每学期接近尾声的时候，学校都要组织一次学生评教，根据学生的满意度，评选排位最靠前的十位老师予以表彰，颁发"我最喜欢的老师"的奖状，并予以张榜宣传。有时也结合全市的类似评选活动，推荐参评。如宁德芬老师、莫传莉老师就是学校评出的"我最喜欢的老师"，同时也获得了全市"最受欢迎的班主任""最受欢迎的教师"称号。

教务处每学期进行教学调查活动，其中有一项是学生给教师写评价语——"老师，我最欣赏您……"具体操作：学校为每个班统一发下若干（每科一张）A4纸和几本黏黏纸，交给班长；班长在班上动员，请每一个同学尽力为每一个任课老师写一张"老师，我欣赏你……"的话；同一学科由科代表负责把同学们写的欣赏老师的话贴在A4纸上，班长负责把全班各科老师的贴有欣赏老师的话的A4纸上交教务处；教务处整理好把各班学生的A4纸装在一个信封里，在散学典礼的那天统一发到老师手中。老师们收到同学赞赏的话，通常都感到异常的温暖，体会到做老师的幸福，有的还拍出来晒到微信朋友圈。

（五）师徒成对，共同学习

1."一帮一"师徒结对。

为帮助青年教师迅速成长为学校的骨干力量，确保学校教育事业的蓬勃发展。学校规定，刚入职北中的教师，分别由学校教务处和政教处为他们配备师父，结成师徒，学期三年。学校对师徒有责任和义务的要求，并检查过程记录，最后还要根据师徒的种种表现进行结业评优，评出最佳结对师徒。"一帮一"师徒结对帮扶活动是北中的优良传统，旨在帮助青年教师积极健康成长，而在帮助青年教师的过程中，老教师也进一步加强学习，不断提高自己，达到师徒并肩成长提高的目的。

2.特级教师工作坊建设。

2010年10月，学校两个特级教师工作坊挂牌成立。这是自治区教育厅为发挥特级教师的引领作用，培养中青年教师，为教学骨干的专业化发展创设的全新平台。杨迅特级教师工作坊、全梅山特级教师工作坊成立以来，成了教师研修的主阵地主战场。在这里，工作坊成员进行主题研修研讨活动，围绕某个课例进行同课异构活动、围绕研修疑难点申报课题进行课题研究活动，进行工作坊互访联谊交流研讨活动、送教下乡城乡帮扶活动等。一系列的研修活动，让一批骨干教师从这里走出来，走向更广阔的教育教学天地。

3.创新育人团队建设。

从2013年，我校开始每年面前初中学校通过自主招生考试录取30～50

名学生组成创新人才培养班。为了建设好创新班，学校从各学科教师队伍中遴选具有创新意识和创造才能的教师组建创新教研组，共同研究创新素养培养策略和方法，承担研究型课程教学任务，指导学生开展课题研究和各种创新实践活动。学校每学期会安排创新育人团队的教师和学生一起进行游学活动，走进杭州二中、上海格致中学，甚至走进大学的校园。团队的教师还会在学期中或假期赴杭州二中等名校进行为期最短一周到最长几个月的蹲点培训学习。创新育人团队的建设为骨干教师的成长铺设了捷径。

第三节　师资队伍建设的成效与反思

一、师资队伍建设的成效

（一）新教师快速上手

通过一至三年的教学实践活动，经过老教师的精心培育和自己的不懈努力，学校一大批青年教师快速进入了教学角色，教学素质不断提升，得到了学生和家长的认可，达到了学校"一年适应，三年合格"的青年教师成长目标。根据学校教务处组织的教学调查，近三年入职的新教师受学生欢迎的比例相对偏高。不少新教师教的班级考试成绩甚至比许多老教师高，以我校2016年度春季学期期末考试上报教科所的表彰名单为例，新教师占了一半。

（二）名师陆续涌现

名师成就名校，名校打造名师。多年来，一批批名师成就了北中，北中也培养出了一批批的名师。近年来，走在前列的——苕佑文校长入选广西基础教育百名名校长培养对象、广西50名八桂教育家培养对象、北海市领航校长培养对象，成为北海市首批名校长工作室主持人；曾承炜书记入选北海市基础教育名校长、北海市基础教育领航校长培养对象；杨迅副校长入选"西部之光"访问学者、广西第十七批"新世纪十百千"人才、广西基础教育百名名师工程学员；全梅山副校长入选广西骨干教师培养对象……

迎面走来的——黎敬锋、刘晓玲、陈盈延、龙薇、陈承丹、张振述入选北海市首批基础教育名师培养对象，黎敬锋、刘晓玲通过考核成为北海市首批名师工作室主持人……

越来越多任教6年以上20年以下的教师，成为学校的中坚力量，这个年龄段的教师是目前最具战斗力的教师队伍。他们当中的优秀者越来越多地站在教研组长、备课组长、班主任、创新班教师的岗位上。他们正经历着从北中名师到北海名师到广西名师的美丽蜕变。

（三）团结奋进结硕果

北中教师团队是一支有凝聚力和战斗力的教师团队。多年以来，他们秉承着"追求卓越、敢为人先"的北中精神，肩负着人民教师的责任感和使命感，甘为安教乐教的孺子牛，在平凡的工作岗位上默默奉献，年复一年地吹响团结奋进、开拓创新、锐意进取的号角，为教育事业作出了突出的贡献。尤其是高考成绩，几年来一年一个新台阶，在年年扩招、生源流失严重的情况下，保持了高考成绩在前一年的基础上节节增长的趋势，连年被教育局给予高考成绩优秀的评奖。

（四）新老教师同耀光华

这是一支业务精湛又充满幸福感的教师队伍。特别是学校搬迁后这几年，广大教师克服重重困难，坚守岗位。早出晚归，披星戴月，长期战斗在远离市区的学校，教师把学生看成自己的孩子，一切为了学生，为了学生的一切。从学生的成长找到自己的成长；从学生的幸福找到了自己的幸福。教师们的精湛业务，来自传承、学习和磨炼。老教师越战越勇，中年教师气壮如虹，年轻教师锋芒初露。可谓群星璀璨、熠熠生辉。对学校的未来，我们充满信心。

二、师资队伍建设的反思

（一）存在不足

学校虽然在教师队伍打造方面取得了不少成绩，但是作为广西传统省级16所重点中学之一、第一批20所示范性高中之一、北海市高中学校的引领者，学校在师资队伍建设方面还存在诸多不足。与一些同类名校相比，还存在一定的差距。如自治区级以上的名教师屈指可数，特级教师的数量与省级示范性高中的人才要求远不匹配；学科发展还不是很均衡，有些学科优势不明显，特别是文科；能担任竞赛学科辅导的教师极为欠缺；极少数教师进取心不够强；等等。

从学校的实际情况来分析，出现这些问题的主要原因有：部分教师没有危机感和竞争意识；政策原因与学校搬迁缘故，学校的优势越来越少，教师中途流失严重，补充不力；学校的绩效方案在调动教师积极性方面还有待进一步完善。

（二）未来设想

1. 以科学发展观为指导，继续大力实施"人才强校"战略。

以培养和引进一批高水平的学科专业带头人，以推进骨干教师队伍建设为重点，全面提高教师队伍整体素质和专业化水平，加快建设一支具有现代教育理念、师德高尚、结构合理、数量足够、素质优良、充满生机与活力的优秀教学团队，为学校的发展打下坚实基础。

2. 抓好教师培训工作。

主推实施青年教师培训计划。实施教师学历提升计划，鼓励教师攻读博士、硕士学位。教师全员培训计划，采取多形式、多渠道、多途径的培训方式。坚持以校本研究为主体，积极争取国家和省市重大教学研究课题，引导教师积极参与课题研究。鼓励支持教师参加学术交流与研讨活动，促进教师的专业成长。

3. 抓好学科带头人队伍建设。

要加大选拔培养学科带头人的力度，制订切实可行的选拔、培养、使用和管理办法以及具体的培养计划，对优秀中青年骨干教师给予重点培养。要注意发挥学科带头人的优势，在推进学校学科建设、青年教师培养、课程改革、教学研究等方面对其委以重任。要进一步落实学科专业带头人政策待遇，加强考核管理，改善学科带头人的工作条件，并给予一定科研专项经费和岗位津贴，对作出重要成绩的学科带头人还要给予物质和精神奖励。

4. 抓好师德师风建设。

建立和完善教师师德评价、考核、监督、奖惩制度，形成师德师风建设的激励机制和约束机制。在教师中倡导教书育人、为人师表、严谨治学、甘于奉献的精神，不断提高教师的职业道德和职业素质，不断增强教师忠诚党的教育事业的责任感、使命感，充分发挥教师在教学工作中的主导作用，调动教师的积极性和创造性。激发教师投身课堂教学改革，激励教师真情、真心、真诚地关爱学生，做青少年学生健康成长的指导者和引路人。

5. 树立正确的评价观和质量观，调动积极性。

学校要坚持以人为本，树立正确的评价观和质量观，制订出科学的绩效考核方案，弥合因体制性障碍造成的教师体系分裂，消除公共取向与私益取向背离带来的教师角色冲突，克服工作压力和心理压力带来的教师职业倦怠。在树立正确的评价观和质量观的同时，确立以人为本的理念，关心教师，改善教师的工作和生活条件，积极推进教职工宿舍建设，切实帮助教师减轻工作和心理压力，加强对教师的人文关怀，丰富教师的文体生活，注重教师的心理健康，建立教师工作压力和心理压力监测、维护与预警机制，使普通高中教师能有一个良好的工作状态和心理状态。

加强教师队伍建设，是学校永远要放在重中之重的。学校必须深化自身改革，创造条件，搭建平台，来保证和促进教师个体及群体的专业发展，从而建设一支结构合理、素质优良、生态和谐、充满活力的教师队伍。

第八章

融合资源：协同推进和谐教育

第一节　和谐教育需要社会参与

一、"三位一体"构建和谐教育

（一）"三位一体"的由来

为加强和改进未成年人思想道德建设，扎实推进中小学思想道德教育，2004 年中共中央、国务院提出要重视和发展家庭教育，营造有利于未成年人思想道德建设的社会氛围，从而与学校教育构成现代教育体系。因此，我们必须构建学校教育、社会教育和家庭教育相结合的"三位一体"的和谐教育体系，促进学校教育整体化，推进素质教育，提高教育教学质量，实现和谐教育的目标，并以此推动教育改革及和谐社会建设。

但从目前的情况来看，中学生思想道德建设仍然面临着学校教育孤位、社会教育错位、家庭教育缺位等现状。

1.教育面临的现状。

（1）学校教育孤位。在未成年人思想道德建设中，学校教育显得很孤立，主要表现在：政府以及社会各界对中学生思想道德建设的重要性认识不够充分，尤其是对自己应该承担的责任缺乏应有的认识。人们习惯认为：教育只是学校的事情，对教育进行应有的投入，解决应该解决的问题就是对教育的重视、支持。因此，社会对教育的态度常常是指责多、关心少。就学校本身而言，管理者往往将学校定位为一个"小社会"，把教育的责任全部往自己头上加，缺少与社会、家长的沟通和联系，忽视了社会环境和家庭教育的重要作用。封闭式管理模式，在给学校管理带来方便的同时，也使学校更加孤立起来。在教育过程中，学生参与的社会实践活动不够，家庭教育的作用也得不到真正的发挥。

（2）家庭教育缺位。苏联著名教育家马卡连柯说："父母是孩子人生的第一任老师，他们的每句话、每个举动、每个眼神，甚至看不见的精神世界都会给孩子潜移默化的影响。"可见家庭教育对孩子的重要性。但目前我国许多家长还没有意识到这一点，对教育的理解还没有做到与时俱进。其主要体现为：许多家庭存在溺爱子女、唯子女独尊的现象，使得学生从小形成以自我为中心、自私自利的观念，不知谦让。当孩子犯了错误时，家长不是从孩子身上找原因，而是责怪学校，甚至无理取闹。只注重孩子的学习成绩，而忽略对其思想品质的教导。采用粗放式管理、棍棒教育，把教育子女的责任全部推给学校，把自己应负的责任推得一干二净。部分家长没有以身作则，给孩子树立正面的榜样。少数单亲、离异家庭的孩子由于缺少关爱，易造成自卑封闭、偏激等性格，极易发生危险行为。

（3）社会教育错位。尽管青少年社会教育已经受到政府、专家、学者的重视，并且在绝大多数社区得到开展和实施，也取得了一些成效，但社会教育仍是薄弱环节，还有诸多问题需要解决。

①社会教育的普及程度不够。在社区中存在一些或游手好闲、或有心理问题、或失业的青少年。这些人虽然是少数，但造成的负面影响较大。然而我们的社会教育活动大多是按正常青少年来设计的，没有考虑到应对这些特殊人群的教育计划、方案和教育措施。

②社会教育专业人才匮乏。青少年的成长是多方面的，社会教育作为社会工作和学校教育的交叉领域，急需大量专业人才，加之城市人口密集，社会教育工作事无巨细，专业人才制约着社会教育的开展。

③社会教育平台稀少。图书馆、博物馆、展览馆、运动场等社会公共活动场地少，远远不能满足广大青少年社会教育的需求。

社会教育内容与形式陈旧，缺乏吸引力。当前的青少年社会教育主要集中在思想道德、特长培训、拓展训练、文艺娱乐、科普教育等方面，教育性太强，发展性不足，形式也不新颖，显得太沉重，青少年参与的积极性不高。

2."三位一体"的提出。

2004年，《中共中央国务院关于进一步加强和改进未成年人思想道德建设的若干意见》中明确提出了"三位一体"，指出"学校是对未成年人进行思想道德教育的主渠道"，认为"家庭教育在未成年人思想道德建设中具有特殊的作用，要把家庭教育与社会教育、学校教育紧密结合起来"，更强调了社会对青少年教育的责任："各类大众传媒都要增强社会责任感，把推动未成年人思想道德教育作为义不容辞的职责，为加强和改进未成年人思想道德建设创造良好的舆论氛围。"

（二）"三位一体"的作用

构建学校、家庭、社会"三位一体"的和谐教育网络对国家、民族和每个家庭的未来至关重要。

学校教育的作用在于教书育人，对学生的德、智、体、美、劳等方面进行基础性的培养和开发，为其成为全面发展的建设者和接班人打下基础。因此，学校不仅要把德育工作摆在全部教育工作的首位，始终贯穿学校教育的全过程，更要探索学校教育的新模式，提高学校教育的有效性，突出学校德、智、体、美、劳教育的均衡发展，培育学生的劳动意识、创造意识、效率意识、社会意识和进取意识，培养学生的科学精神、奉献精神、吃苦精神和团队精神，增强学生的动手能力、自主能力和社会实践能力，使学生在大胆实践、勇于创造中得到全面的锻炼。

家庭教育是未成年人教育中十分重要的环节。家庭教育的优劣，对于未成年人的健康成长有着举足轻重的作用。因而切实提高家长对科学教育子女的认识，树立正确的家教观，掌握科学方法，引导家长以良好的思想道德修养为子女作出表率，有助于培养孩子乐观、豁达、包容、自省的美好情感和明辨是非的能力。因此，协调妇联组织、教育部门和学校、社区紧密配合，切实承担起指导和推进家庭教育的责任，通过家长学校，面向社会广泛开展家庭教育宣传，普及家庭教育知识，推广家庭教育的成功经验，有助于培养和树立"以德育人、为国教子"的好家长及文明家庭等先进典型，从而提升家庭教育的整体水平。

作为保证中学生健康成长的关键环节，社会教育对人的影响是巨大的。我们必须认识到，随着经济体制改革的不断深化，社会教育社区化已成为一种趋势，因此要加大社区建设投入力度，依托社区的各种活动阵地，发挥社区内各种资源优势，组织开展富有吸引力的思想教育和文化活动，使学校的德育教育在社区得到拓展和延伸；充分发挥和利用社区内的资源优势，主动争取社会各方面的大力支持，促进中学生健康成长和全面发展。

二、对外交流拓宽办学视野

（一）对外开放交流的相关政策规定

目前我国教育立法中，涉及对外开放和合作交流的法律法规有：1995 年 9 月 1 日起施行的《中华人民共和国教育法》第八章第六十七条规定：国家鼓励开展教育对外交流与合作。教育对外交流与合作坚持独立自主、平等互利、相互尊重的原则，不得违反中国法律，不得损害国家主权、安全和社会公共利益。2002 年 3 月，国务院颁布的《中华人民共和国中外合作办学条例》（以下简称《条例》）中进一步规定：鼓励引进外国优质教育资源的中外合作办学；对中外合作办学实行扩大开放、规范办学、依法管理、促进发展的方针。这一《条例》把中外合作办学界定为外国教育机构同中国教育机构在中国境内合作举办以中国公民为主要招生对象的教育活动，并对中外合作办学的主体资格、设立条件、申请程序、审批权限、组织与管理、教育教学、资产与财务、变更与终止以及中外合作办学机构的权力、义务等作出了具体规定。2010 年发布的《国家中长期教育改革与发展规划纲要（2010—2001 年）》明确提出"加强国际交流与合作，坚持以开放促改革、促发展"、倡导"借鉴国际上先进的教育理念和教育经验，促进我国教育改革发展，提升我国教育的国际地位、影响力竞争力"。同时，"鼓励各级各类学校开展各种形式的国际交流与合作、办好若干所示范性中外合作学校和一批中外合作办学项目"。

（二）对外开放交流对学校发展的意义

1.适应社会时代发展的需求。

20 世纪 90 年代以来，随着经济全球化、信息网络化、文化多元化的发展，学校的对外交流与合作工作自然显得越来越重要，也越来越受到重视。通过加强对外开放交流与合作，推进学校国际化，逐步实现优质教育资源共享，从而促进学校全面发展。因此，对外开放交流活动是一所学校教学、科研、管理水平的集中体现，是学校对外开放程度的重要标志。

20世纪90年代，邓小平同志提出：教育必须"面向现代化，面向世界，面向未来"，教育要得到发展，必须坚持对外开放，这既反映了当今社会发展的客观要求，又体现了现代教育发展和改革的本质特征，也对培育"四有"新人和实现人的全面发展具有重要的战略意义。因而，学校教育也相应地要以开放的胸怀、严谨的办学态度与各国、各地区建立和保持良好的合作关系，在平等参与、协商一致、求同存异、循序渐进的基础上开展多形式、多层次、多渠道的地区对话与合作，积极推进学校教育的发展。北中在这样的时代背景下，为适应学校办学多元化的需要，进一步拓展学校发展空间，在上级外事部门的支持和北海市教育局的领导下，借鉴国内外先进的教学思想、办学模式和管理经验，引进校外优质教育资源，开展一系列对外交流工作，拓展学校办学的思路和渠道，全面提升了学校的办学水平和办学品位。

2. 适应当地经济发展的需要。

北中位于美丽的"珠城"广西北海市，是一所享誉桂粤的历史名校，也是广西首批示范性普通高中和自治区16所重点中学之一。

北海市位于广西南端，北部湾东北岸，面向东南亚、背靠大西南，地理位置优越，是一座生于开放、成于开放，与开放结下不解之缘的美丽海滨城市。从汉代开始就成为"海上丝绸之路"的重要始发港。1876年，北海被辟为对外通商口岸，成为中国西南地区对外开放的重要窗口。1984年，北海被列为中国首批进一步对外开放的14个沿海城市之一。进入21世纪以来，随着中国—东盟交流与合作的愈加紧密，2008年广西北部湾经济区的开发建设上升为国家战略，作为北部湾经济区的重要成员和直接面向中国—东盟自由贸易区的桥头堡，北海迎来了又一次对外开放与合作的新机遇。

与此同时，作为北海市学校教育的领头羊，北中在上级外事部门和市教育局的指领下，立足北海，放眼世界，积极利用地缘优势，发扬学校的优良传统，进一步加强与美国、日韩、东南亚各国友好学校的交流与合作，积极创建交流平台，吸收、借鉴世界各国发展教育的有益经验，增强与各国教育工作者和青少年的友谊，扩大交流范围，完善交流机制，稳固交流基础，提高交流质量。

3.适应学校和谐教育办学思想和育人目标。

北中是一所有着 91 年办学历史的老校，有着优良的文化传统。它坚持和谐教育的办学思想，秉承"追求卓越、敢为人先"的北中精神，逐步形成了"和谐、开放、创新"的办学特色。学校办学综合实力全面提升，为师生的全面发展提供了一片广阔的天地。

91 年来，学校得风气之先，勇于开拓前进，在其各个发展阶段均有建树，为国家和社会培养了大批高素质的优秀人才。20 世纪 90 年代以来，北中获得了长足的发展，学校声誉与日俱增，先后成为广西唯一的中美两国政府签约的中美青少年友好交流项目学校、广西首批"自治区华文教育基地"。先后同加拿大、英国、澳大利亚、日本、韩国、东南亚各国以及国内的知名高校、中学建立了友好合作关系，师生间的交流与合作日益广泛和密切，扩大了交流的深度与广度，加快了对外交流的步伐，开阔了视野，拓宽了办学思路，提高了师生素质，实现了学校的育人目标。在与国际接轨、增进国际交流方面走在了广西乃至全国的前面。

第二节　家校联手，助学生健康成长

一、家校共育是和谐教育的必由之路

（一）家校共育促进家校间信息交流

学校、家庭两方面教育的密切配合，关键在于及时交流信息。班主任和科任教师要了解学生在家庭中的表现，以便有针对性地对学生进行思想工作。家长同样要了解学校的相关管理及孩子在学校的表现情况。建立家校共育，家校联系的渠道将更为畅通，学校教育与家庭教育将更有时效性、针对性。

搬迁后的北中由以前学生走读的开放式管理变成如今完全寄宿的封闭式管理，学生每周大部分的时间都要在学校，这对北海地区长期习惯于家庭呵护的学生而言，感到诸多不便。特别是高一新生，心智尚不成熟，还需要得到家庭的关爱；高二、高三学生也都存在着各不相同的教育问题，这绝非学校单方的力量可以解决的。如果能够把家校之间的桥梁搭建起来，家校的信息交流畅通，教育的许多难题就迎刃而解了。

（二）家校共育优化学校育人环境

学生的健康成长离不开良好的环境，包括学校环境，当然也少不了家庭环境。如何创造良好的家庭环境，如何提升家长的教育素质及家庭的教育水平，这是家校共育的关键。多年来，北中一直在努力探索家校共育的教育模式和具体的教育内容，充分开发和有效利用家长教育资源，实现教育师资队伍的多元化，提高全体家长的教育能力，以切实服务学生的成长。

学校成立了家长委员会，并充分发挥家长委员会在家庭教育和学校教育相结合过程中的作用。不少家长在家长委员会的牵头下，不断提出改进学校教育的要求和建议，传授社会上的经验，调动家长及社会成员改善社会环境的积极性和主动性。通过问题研究，全方位了解每个学生的身心特点，探索行之有效的教育方法，促进师生关系和亲子关系的和谐，从而不断优化学校的育人环境，构建和谐学校、和谐家庭，实现和谐教育。

（三）家校共育培养学生良好习惯

小习惯决定大未来，习惯的培养对学生的成长很重要。学校教育是培养学生良好行为习惯的主要渠道。我校一直严格按照《中小学生守则》和《中小学生日常行为规范》的要求以多种形式对学生行为进行规范教育。然而，培养学生良好的行为习惯是一项复杂的系统工程，单靠学校教育的力量远远不足。

家庭是学生接受教育最早、时间最长的场所，家长是孩子的第一任老师，是孩子身边最好的榜样。家长能否树立正确的教子观念，能否掌握切实可行的教子方法，影响着家庭教育的成效，也极大地影响着学校教育。实践证明，家庭教育和学校教育之间的一致和配合，学校通过努力改变对家庭教育工作指导的被动局面，强调家长对学校教育的参与性，家校共育，优势互补，协调发展，更有利于培养学生良好的行为习惯。

（四）家校共育促进学生健康成长

家校合作的目的是为了孩子的健康成长，让孩子充分享受到来自老师和家长的关怀，以及教育带来的欢乐。由于家庭的千差万别，家长教育子女的目标、成才的观念各不相同，因此家长对子女的教育理念也不尽相同，而家长素质的高低决定了孩子的素质发展。因此，在家校共育的过程中，学校必须把帮助和引导家长明确自身所担负的责任作为首要任务。

要让家长知道，重视"抚养"，更要重视"教育"。要引导家长走出溺爱的误区，改变让孩子自然成长的观念，改变单纯的、物质的责任观，树立和履行以教育为核心的科学责任观，把家长以抚养孩子为重点的责任心，转移到以教育孩子为重点的责任心上。所以，家庭教育必须在学校教育的配合下，具体分析每个学生的实际情况，正确引导学生成才，让学生健康成长，成为有用之才。

二、家校和谐共建的实践探索

（一）成立家长委员会，构建教育网络

1.建立、健全家长委员会制度。

2013年9月，学校整体搬迁到新校区，开始实行封闭式管理，家校共育工作显得更为重要。为此学校在之前建立家长委员会的基础上，不断健全完善相关制度，切实保障家长参与学校决策和管理。而过去的家长委员会，或多或少成了"家长资源利用会""学校决定代言会"，甚至是"学校问题掩盖会"。身为弱势群体的"家长委员"不得不按学校的要求说话办事，很难真正参与学校管理工作。

教育部印发的《全面推进依法治校实施纲要》(以下简称《纲要》)指出，中小学、幼儿园应当逐步建立健全家长委员会制度。家长委员会承担支持教育教学工作，参与和监督学校管理，促进学校与家庭沟通、合作等职责，其成员应当由全体家长民主选举产生。学校应当提供必要条件，保障家长委员会对学校、教师的教育教学、管理活动实施进行监督，提出意见、建议；应当定期与家长委员会成员进行沟通，听取意见。

为此，北中于2014年根据《纲要》再次修改《北海中学家长委员会制度》，保证家长委员由全体家长民主选举产生，保证家长委员平等产生，议事民主，责任共担。家长委员是学校决策和管理的真正主人。

2. 切实发挥家长委员会作用。

积极探索完善家长委员会的组织形式和运行规则，不断扩大家长对学校办学活动和管理行为的知情权、参与权和监督权。实施直接涉及学生个体利益的活动，都由学校、年级或者学科组提出建议和选择方案，并作出相应说明，提交家长委员会讨论，由家长自主选择、作出决定。

让家长委员会参与对学校和教师的评价，做好监督工作。对教师和学校的评价，将成为对教师和学校相关年级处室领导进行考核的依据。近年来，我校各年级正在逐步落实家长委员会的组织评价工作，逐步做到把家长委员会对学校的评价结果，家长委员会提出的问题及整改措施、结果向社会公布。

北海中学家长委员会制度

为了全面贯彻党的教育方针，全面推动全民"终身教育"活动，优化育人环境，完善学校、家庭、社会有机结合的教育体系，充分调动家长参与办学的积极性，配合学校进一步规范办学行为，加强对学生的教育和管理，进一步优化育人环境，培养一代"四有"新人，我校建立了学生家长委员会。家长委员们可以经常与学校领导、教师、学生交流，为学校的德育教育出谋划策。学校及时把学校的教育思路和大事向家长们传达，听取意见，确保德育工作的顺利开展。

1. 家长委员会的性质。

（1）家长委员会是我校全体家长支持教育、兴办学校、配合学校对学生进行教育的群众组织。

（2）家长委员会是沟通学校和社会的纽带；是学生家长直接参与学校教育管理的一种组织形式；是学校教育有益的补充和发展；是学校争取更多的社会力量办好学校的主要途径。

（3）家长委员会在学校党支部和行政的领导下开展教育工作。

2. 建立家长委员会的目的。

（1）团结和组织关心教育教学工作的家长，发挥家长的集体智慧和力量，为促进我校的教育教学工作，提高教育教学质量作贡献。

（2）配合学校全面贯彻党的教育方针，加强学校精神文明建设，创造学生发展的良好环境，充分发挥教育社会化、社会教育化的职能，提高综合育人绩效。

3. 家长委员会的任务。

（1）与学校紧密协作，发动家长配合学校做好各项教育学生的工作。

（2）协调学校与社会、家庭的关系，增强教育的合力。发动、协调有关单位帮助学校排忧解难，帮助化解学校与家庭、社会之间的误会、矛盾，确保学校工作的顺利进展。

（3）广泛搜集、及时反馈家长对学校的意见和要求，分析、归纳家长反映的问题，将有关意见、建议及时反馈给学校。

（4）为学校改革和发展献计献策，定期参与学校的教育经验的学习、交流活动。通过参与学校的重大活动，关心、了解学校工作，对学校的办学方向、教育质量、教师工作、行政管理等方面提出建设性意见，作出适当的评价，实行必要的监督。

（5）配合学校宣传家庭教育的重要性，传播、交流家庭教育的科学知识和经验，促进家长创设有利于孩子学习、成长的家庭教育环境。提高家长的认识，树立新时代的家长形象，做孩子的表率、典范，在家庭教育中起积极作用。

（6）加强研究，不断总结，积极探讨学校、家庭、社会三结合教育的新路子。

（7）监督学校及教师的收费行为，对一些学生或家长普遍有需求意向的教辅手段或材料，由家长委员会在征求家长意见的基础上组织实施。

（8）强化家校联系，搞好优秀家长的评选，要最大限度地引导家长学习家庭教育理论，充分发挥其引导、指导、教育孩子的作用，配合学校共同实现科学育人。

（9）构建家校教育平台，强化"四个抓好"：一是抓好家长培训和学习；二是抓好家长委员会的有效开展；三是举办好"家长学校"；四是抓好家校结合，促进孩子的发展成长。

（10）维护学校形象，提升学校品牌，争创一流学校。家长是学校形象的维护者，学校品牌的宣传者，家长委员会真实、客观、公正地宣传，介绍学校的教育教学情况，协助学校及时把办学情况反馈给家长，主动宣传学校改革发展的成果，为打造广西名校而努力。

4.家长委员会成员评选标准及组织形式。

（1）家长委员会成员必须在热心教育教学工作，关心下一代成长，愿意并且有精力参与本校教育教学活动的学生家长中选举产生。

（2）选举时要从职业、性别、家庭经济状况等几个方面考虑，尽量照顾到各个层面，以便增强决策的可行性。

（3）家长委员会分层次建立，每学年改选一次，可以连任。每班家长委员会由1～2人组成，其中1人参加学校家长委员会。

5.活动方式。

（1）家长委员会每学期召开两次会议，每学期初、末各一次，特别情况下可召集临时会议。

（2）每学期召开全校性家长会一次，各班家长会根据各班实际情况自定。

（3）家长委员会成员在学期末学校召开的座谈会上，对学校办学、学生管理以及教学等方面提出评价意见，并对改进工作提出建议。

（4）每学期在组织大型活动时邀请家委会委员参加，为各位委员提供了解学校、了解学生的机会。

（二）成立家长学校，打造教育同盟军

1. 构建管理体系，提供组织保障。

自 20 世纪 90 年代末家长学校建立以来，学校已形成了校长、书记挂帅、政教处主任主抓、各年级主任配合、班主任及科任教师全面参与、家长积极介入的家长学校管理体系。2004 年，学校又进一步理顺了家长学校的管理体制，由校长担任家长学校的校长，政教处负责日常管理与考核，年级家长委员会负责与家长的沟通及意见的反馈。各部门职责明确，形成了较为规范、系统的家庭教育管理体系，为学校开展家庭教育、开办家长学校提供了组织保障。2005 年 6 月，因家长学校工作突出，学校获得广西区妇女儿童工作委员会、广西区妇女联合会颁发的"广西'争做合格家长，培养合格人才'家庭教育实践基地"荣誉牌匾。2013 年学校搬迁后，针对新的环境新的问题，学校重点抓建章立制工作，根据新的校情修订了家校公约、家长委员会章程、家长学校学员考勤制度、优秀家长学员评比制度等各项规定制度。

2. 重视师资建设，助力家庭教育。

学校提倡教师全面参与到家长学校的建设中，经常通过班主任培训，指导教师如何正确处理与家长的关系、家访时应注意哪些问题、如何指导家长合理进行家庭教育等。各班班主任均为家长学校的兼职教师。此外，学校先后有 60 多名教师参加心理咨询师国家职业资格培训班的培训，其中 28 名教师通过了国家咨询师资格考试，这一批教师也成为家长学校的兼职教师。他们平时与家长加强联系，积极探索家庭教育与学校教育形成合力的新途径。目前，学校的家庭教育已经形成了一支素质过硬、勤奋敬业、关心学生的教师队伍，为家庭教育和家长学校工作的顺利开展提供了强有力的保障。

3.开辟家育讲堂，提高家长素质。

开辟家育讲堂，多年来学校进行了不断的尝试，也积累了不少成功的经验。上课的老师上到校长、书记、政教处主任，下到班主任、科任教师；此外，还邀请校外的家庭教育专家给家育讲堂定期开讲，以提高家长的家教水平和能力，深受家长欢迎。

家育讲堂的成功尝试，更新了家长的教育观念，使家长认识到教育应该通过学校、家庭、社会，全方位、多渠道一起来完成；单纯以分数的高低来衡量孩子的好坏是片面的，学习成绩的高低并不等于品行上的优劣；使家长认识到溺爱有百害而无一利，而"暴君式"的棍棒教育只能摧残孩子的身心健康；使家长更清楚自己在孩子的成长道路上应该扮演什么样的角色。家育讲堂的成功尝试，让家长掌握了正确的教育方法，提高了家长的素质，使家长、学校真正成为全社会精神文明建设的重要阵地。

（三）推进家校互动，实现合作共赢

1.拓宽沟通途径，实现家校互动。

（1）从校讯通到微信群。家庭和学校的沟通渠道是多种多样的，家校合作是一个系统工程，要全方位地建立完善多种沟通渠道，形成家校一家亲，教育的合力才能真正形成，教育共赢才能真正实现。近年来，随着现代教育技术手段不断更新，各种信息网络平台的应用，使得家校的联系得到了极大的改善。2013年北中整体搬迁后，通过"校讯通""家校通"实现学校与家庭的全沟通。2015年以后，随着微信的广泛使用，学校各教学班都组建了班级家长、教师微信群。这些举措都从面上实现了家校联系无死角。

（2）从家长会到家校互访。召开家长会，是加强家校联系的最好方式。开好家长会，能增进教师与家长、学生之间的相互了解和信任，使家长对学校、教师和孩子有了重新的了解与认识，使学校的教育教学工作更具有针对性、更具成效。多年来，学校一直重视家长会工作。定期召开家长会，及时掌握家长诉求，让家长及时了解学校工作动态、学生学习情况，便于及时提出应对策略，充分利用一切积极因素，有效解决问题，推动学校教育发展。除了把家长"请进来"之外，学校还注重"走出去"，即开展家校互访活动。对特殊学生的家访活动，为家校沟通提供面对面、一对一的交流机会，对协调家庭教育和学校教育，促进学生健康成长十分重要。2013年北中整体搬迁以来，从学校组织到班主任主动发起的对特殊学生的家访（包含学校党总支"党员教师入社区进家庭"活动）每个学期都超过800人次。

通过这一系列的工作，学校通过从面到点，从请进来到走出去，不断改善沟通途径，真正实现了家校互动，形成教育合力。

2. 创新互动方式，实现教育共赢。

（1）定期举办家长开放日。2013年，家长开放日活动首先在学校创新班试行，效果极佳。目前，许多班级都在尝试。在开放日期间，家长可以零门槛听课，听课后，家长可以提出问题发表意见。通过这种观课活动，一方面，家长可以更直观地了解孩子的课堂表现，另一方面更了解学科教学的进度、内容、难易情况及孩子掌握知识的情况，再有，家长听课对教师教学也有一定的促进作用，促进课堂更高效。

（2）开展家长志愿者活动。学校实行封闭式管理后，许多家长放心不下自家孩子，要求到学校陪孩子读书，加上高三年级部分班级因部分教师教学任务过重无法参与晚自修看班任务，于是部分班级尝试了家长志愿者看班的实验，后来慢慢演变成了"家长一日班主任"活动。活动让家长参与到班级管理中，更深入地了解学校，理解教师工作的艰辛，也理解学生学习的不易。学生看到家长志愿者一整天陪着自己学习，这本身就是一种无言的激励，这种激励是任何说教都无法取代的。近几年来，学校越来越多的班级尝试了"家长一日班主任"志愿者活动。

（3）举行家长沙龙活动。改变以往的家长会完全由班主任一人宣讲的会议形式，家长沙龙活动主要由家长来学校做"主人"，班主任及科任教师做"嘉宾"，即由家长主持、主讲，家长间相互启发和讨论，主持人可以适时地向场边教师提问，寻求支持。家庭教育沙龙创设了轻松的沟通氛围，让家长与教师、家长与家长之间进行充分的信息交流和互动，起到了学校与家长之间相互理解和信任、家长获取有益的帮助和指导的作用。目前，家长沙龙活动在学校创新班中有较多成功的尝试，未来有望在更多的班级推广。

第三节　校社合作，促学校和谐发展

一、借助社会资源，学校和谐发展的趋势

（一）学校、社会合作的新背景

1. 终身教育理念促使学校社会加大合作。

当前，终身学习的理念越来越深入人心。2014年中央《关于深化考试招生制度改革的实施意见》，谈得最多的就是终身学习。在终身学习、终身教育理念下，创建学习型社会就显得尤其重要。基于此，学校与社区的作用不可忽视，它们不仅是创建学习型社会的基础，更为其他各级各类教育的开展与完善提供了条件与保证。终身教育体系的构建，将使学校和社会这两个互相独立的领域加大沟通与合作，在教育的认识上达成统一。

2. 大数据时代教育需要学校社会共同支撑。

当今，我们正处在一个以互联网、云计算等技术的成熟为基础的大数据时代，社会呼唤全新的教育理念，培养具有创新精神与实践能力又富有个性特征的人才，以适应未来信息化和知识化社会的变革与发展。传统教育采用的标准、统一的班级授课模式，已经无法激发学生自主学习的热情和创新能力的培养。世界各国教育改革都在倡导针对学生个体差异实施个性化教学，个性化教育已经成为当今世界范围内强劲的教育思潮。实施个性化教育，是促进教育改革创新的重要抓手，是实施素质教育的重要措施，是教育领域贯彻以人为本科学发展观的具体体现。学校与社会作为实施这场教育改革创新的重要场所和力量，理所当然地应该携手共建素质教育的平台。这场教育改

革应该通过开发多种教育资源，努力促进学校社会的有效互动，共同支撑跨越时空局限的学习，实现人的素质的全面提升。

（二）社会资源对学校发展的意义

1.社会教育是学校教育的补充和延伸。

社会是一个大课堂，陶行知先生说过，"社会即学校"。良好的社会氛围，能促进学生全方位的教育。社会教育以社会政治经济为背景，比学校教育、家庭教育具有更广阔的活动余地，影响面更为广泛，更能有效地对整个社会发生积极作用。学校是学生接受学习的主要场所，但是学生在学校学到的知识仅仅是基础的部分，走向社会，学生还可以学到很多在学校学不到的知识；走向社会，学生还可以通过社会这个练兵场实践所学知识。只有这样，学生才能立足社会，成为对社会有用的人才。所以说，社会教育对学校教育、家庭教育具有补充和丰富的作用。社会教育是学校教育的补充和延伸，从某种意义上而言，社会教育比学校教育意义更为重大。

2.社会丰富的资源促进学校可持续发展。

社会教育形式灵活多样，特别是在当下这个开放、民主、和谐的社会，学生的成长已不局限于学校所提供的有限的教育资源。每个城市、社区、乡村都有其特定的教育资源，如果能很好地开发利用，都将是学校教育极好的补充和延伸。而这些丰富的社会资源将对促进学校可持续发展具有积极意义。以北海市为例，历史资源有展现北海千年历史的汉文化博物馆、北海近代外国领事机构历史陈列馆，科技资源有海洋研究所、水产研究所、气象研究所、环境监测站、地质研究所、科技活动中心等，包括北海本地特定的地理、风俗、人文、历史、海洋资源都可以成为学校教育中一笔丰富的课程资源。多年来，学校进行了大量有益的探索与实践，努力挖掘北海地区自然环境、人文环境、物质环境等方面的教育资源，使其最大限度地得以开发利用，不断促进学校的可持续发展。

二、学校借助社会资源办教育的实施办法

（一）融合社会资源，构建校社合作的教育体系

1.将社区带入"三位一体"育人体系。

北海市具有良好的区域资源优势，学校的周边社区及共建单位拥有很好的教育资源。如何将社区带入"三位一体"育人体系并且发挥育人实效？从20世纪90年代至今，围绕学校课程建设及学生德育工作，我们充分利用社区资源，进行了大量的社会实践活动和研究性学习活动，收到了显著的成效。

利用节假日开展社会实践活动。学校政教处和团委组织学生进行了以下尝试：3月份，结合学雷锋月，开展"向雷锋同志学习"活动，组织学生开展服务社区活动，到养老院给孤寡老人送温暖；4月份，结合清明节，开展"缅怀先烈，祭奠英魂"活动，进行爱国主义教育；5、6月份，结合乡村建设活动，组织学生到学校周边乡村参加劳动实践，培养学生良好的劳动习惯；7、8月份，利用暑期，鼓励学生"走向社会、锻炼能力"，开展形式多样的社会实践活动，培养学生吃苦耐劳的精神，增强实践能力……通过一系列的社会实践活动，扩大了学生视野，增长了见识，增进了与群众的感情，也磨砺了学生意志，增强了社会责任感，不断提高自身综合素质和工作能力。

挖掘地方人文资源推进研究性学习活动。学校于20世纪90年代末开始进行研究及尝试，并以此作为推进学校素质教育的一个切入点和重要突破口。学校在新高一、高二年级全面开设研究性学习课程，由科研处、教务处作为实施和管理部门，从教师的配备、研究课题的形成和选择等方面作出了全面安排，鼓励学生走出校门，到自然、社会及生活中去发现、去体验、去获取，应用知识和解决问题。多年来，北中学生针对北海本地特定的地理、风俗、人文、历史、海洋资源，依据自我兴趣进行专题性研究。学生们走进社区，寻找研究问题，确定研究课题，在指导教师的引导点拨下，开展实践

理论研究，最后形成成果，撰写研究报告。学校在研究性学习的实践中，培养了学生的创新精神和实践能力，学生研究成果参加市、区乃至全国创新大赛都获得了可喜的成绩。

2. 将学校资源向社会有序开放。

（1）学校场馆设施的开放。2015 年以来，学校先后成功申报了中国海洋教育基地、中国农村中学科技馆、中国流动科技馆进驻校园项目。这些项目给学校带来了丰富的科技教育、海洋教育资源。根据项目要求，这些资源要面向社会面向北海中小学进行开放。2016 年以来，中国农村中学科技馆、中国流动科技馆于节假日面向全社会开放，先后接待参观者近 2000 人次。

（2）师资及管理人员的开放。2013 年以来，学校抽调在德育、计算机方面有经验的领导、教师担任社区教育工作辅导员，到社区开展家庭教育指导，帮助社区居民提高家庭教育水平；或赴社区上门服务或召集周边村委委员到学校普及电脑知识，进行电脑实操的集中培训。

（3）学校教育教学活动的开放。学校每学期定期开展教学开放周活动，除邀请兄弟学校同仁、学生家长外，还特别邀请社区代表来校观摩。这些举措，增进了社区对学校教育教学的了解，形成学校社区共同关心教育发展的新格局。

（二）挖掘社会资源，构建校社合作的教育体系

1. 开展社会资源进校园活动。

（1）科普大篷车进校园。每年学校举行校园科技节时，北海市科协都会同步举行科普大篷车进校园活动，以大篷车车载展品为主，以各类展板、发放科普书籍为辅等形式，发挥和体现"流动科技馆"的作用与特色，普及科学知识，进一步促进青少年对科技活动的关注和参与。活动每到一处都深受青少年学生、教师及广大群众的喜爱，大家通过动手、动脑等方式，从娱乐中感受到科技的启迪。大篷车科普展品集科学性、趣味性、操作性于一体，通过科普大篷车车载科普展品的演示和科普展板的展示，全方位地向师生展

示现代科学知识。通过对学生们讲解展品的原理及操作,进行现场操作互动体验等形式,为广大青少年提供与科学零距离接触的机会,进一步激发学生学科学用科学的兴趣和热情。

(2)法治教育进校园。为切实提高广大学生的法治意识和自我保护意识,有效防范和减少校园暴力,维护校园安全,保障在校学生健康成长,北海市司法局、辖区派出所每学期都会举行"法治教育进校园"活动。学校聘请的法治副校长,每年根据学校的实际需求,有计划、有步骤帮助学校制定法治教育方案,组织开展法治教育活动。在每年的"法治教育进校园"活动中,司法干警走进校园,举行法治教育讲座,以身边青少年违法犯罪的典型案例,教育学生知法、懂法、学法,敢于与违法犯罪作斗争,做一个守法、护法的好学生。针对在校学生的实际情况,对如何预防校园内外不法侵害、如何正确拨打110报警电话等进行了仔细的讲解。"法治教育进校园"活动,提高了学生明辨是非的能力,增强了学生的法制观念,在广大师生中产生了积极的影响。

(3)消防安全演练进校园。每年11月9日的全国消防日,北海市消防支队都会组织消防官兵到学校举行消防疏散演练活动,通过现场讲解、互动交流、消防演练等形式,为广大师生全面普及消防安全知识,让师生更系统地掌握防火、灭火、逃生、自救等基本技能,提高自我防御意识;通过系列讲座,结合近年来校园火灾典型案例,认真分析学校火灾发生的原因和火灾事故造成的危害,详细讲解如何正确报火警、正确处置初期火灾、自查自纠身边火灾隐患、火场逃生自救等知识。"消防安全演练进校园"活动的开展,检验了学校应急预案的科学性和可行性,改进和完善了应急预案中存在的问题,提升了校园应对突发安全事件的应急处置和安全自保能力,切实增强了广大师生防范火灾的安全意识和疏散逃生的能力。

(4)高雅艺术进校园。2013年10月29日、30日晚,在学校学术报告厅,广西艺术学院近90名师生为我校的师生献上了两场精彩绝伦的音乐盛宴。多功能报告厅座无虚席,近1500名师生观看了演出。"高雅艺术进校园"活动是由广西教育厅发起,北海市教育局领导亲自促成的,旨在贯彻落实中共中央国务院提出的"进一步推进高雅文化进校园活动，丰富校园文化生活，提高学生艺术修养"要求的重要举措。一直以来，学校高度重视对学生文化艺术修养的培养，广西艺术学院的师生们应邀走进学校，用音乐传播经典文化，为提升学生的审美素养创造了一个良好的契机。广西艺术学院带来的音乐盛宴拉开了"高雅艺术进校园"活动的序幕。2014 年 11 月 26日，广西交响乐团"高雅艺术进校园"专场音乐会在学校报告厅举行。广西歌舞剧院和广西交响乐团的艺术家们联袂为学校师生献上了一场交响乐的饕餮盛宴。

2. 参与社会大讲堂活动。

（1）海门讲堂。"海门讲堂"是北海市电视台公共频道开设的一档文化娱乐节目，通过追忆历史，讲述传奇，触摸文化脉搏，展现北海风貌。近年来，我校各学科的优秀教师，包括杨迅、冯旷、姜世军等，陆续走进电视台演播室，通过电视荧屏向广大市民宣讲北海历史文化知识。之后，我校也开设了校内的"海门讲堂"，曾承炜、龙光明、杨世俊、潘平远……更多的名师为师生开讲，讲历史文化，讲教育故事，讲教法学法。通过参与活动，培养了教师的主人翁意识，也让其承担起更多的社会责任。

（2）珠城大讲堂。"珠城大讲堂"是由北海市图书馆倾情打造的一档本土文化节目。通过知识讲座、现场互动、书友沙龙等不同形式，于每个星期六、星期日面向北海市市民宣传历史文化、保健卫生、应急救护、文学评议等方面知识。学校根据学生的兴趣爱好及实际需求，及时向全体师生发布信息，鼓励老师和学生利用周末时间参与活动。学校曾组织师生参加市红十字会开展的"应急救护"系列培训活动、"法治公益学堂"活动，取得了良好的培训效果。

（3）校史见证会。解放路老校区，见证了学校 91 年的发展历程与辉煌业绩。校内的陈铭枢图书馆、大榕树等，是对师生进行"校史校情"教育的最佳教材。学校每年 9 月开学季，都会组织新教师及高一年级新生到学校旧址参观学习，回顾历史。通过参观活动，旨在树立师生"知校、爱校、荣校"的情感意识。师生们看到学校发展历程的艰辛，感受到学校今天所取得的巨大成绩，更加激发起自身的使命感和责任感。

第四节　对外交流，拓宽办学视野

一、和谐教育下的学校对外开放交流

（一）开放交流，融入国际发展潮流

1983 年，邓小平同志提出了教育要"三个面向"，其中之一就是"面向世界"。习近平总书记曾郑重宣示："中国开放的大门永远不会关上。"两位国家领导人的话告诉我们，坚持开放发展，才能互利共赢。今天的教育，应当学会开放门户，面向更广阔的世界，主动向外界学习，向世界学习。这是一种理念，更是一种办学的思路。当下的教育应具有国际化的视野，要通过国际交流与合作，努力在教师、课程、教材、教法等方面实现与国际的接轨，深化教育教学改革，拓展办学空间。北中自 2001 年成功申报"中美青少年友好交流项目"以来，加快对外交流与合作的步伐，先后与美国、日本、韩国、德国等国家建立教育交流合作关系。在开放交流中，融入国际发展潮流，为学校的可持续发展注入新的活力。

（二）开放交流，拓宽学校发展空间

"师人之技为我所用，学人之长促己成长"，为拓宽发展空间，学校不断加强与外界的交流。首先是"走出去"，在上级主管部门的支持和学校领导的努力下，促成学校教师与外校教师的交流。更多的教师得以走出去，到教育发达省区，到课改名校蹲点观摩学习，接触前沿的教学理念、全新的教学思维、创新的教学方法、多样的教学手段，有效促进了教师的成长。其次是"请进来"，为了更好地促进教师专业成长，提高教育教学质量，推

动学校发展，近年来，学校先后邀请国内著名教育专家、名师、名校长来校给师生讲学。名家们或是高屋建瓴，科学引领；或是释疑解惑，指点迷津；或是教学示范，实践指导，让学校教师受益匪浅。最后是"建关系"，近年来，学校与北京四中、北京 101 中学、杭州二中、上海格致中学等十多所知名中学确立友好合作关系。友好学校之间的多向交流，实现了合作共赢、开放兴校的目的。

二、喜迎文化交流契机，共筑友谊桥梁

中华民族五千多年的悠久历史和灿烂文化，影响深远，世界瞩目。改革开放之后，随着国家经济实力的不断增强和对外交流交往的日益扩大，中华文化以坚定雄健的步伐进一步走出国门，走向世界。北中也以此为契机，喜迎文化交流，在美国塔尔萨市华盛顿高中、日本八代市等之间架设起一座座友谊的桥梁。

（一）中美友好交流

1. 交往由来。

"中美青少年友好交流项目"是 2001 年由时任美国总统克林顿和时任中国国家主席江泽民共同签署的项目，旨在促进两国青少年文化交流，开阔视野，增进彼此了解。在美国 AFS 组织、中国教育部国际交流中心的直接指导下，在广西北海市政府、市外办和市教育局的大力支持下，北中凭借雄厚的办学实力和丰富的对外交流经验，于 2001 年申请"中美青少年友好交流项目"获得成功，成为全国入选该项目的 25 所中学之一，并且是首批进行交流的 7 所中学之一（也是广西区内唯一一所）。

2. 交往综述。

项目开展至今已走过十多个年头，十多年来我校和美国结对学校——塔尔萨市华盛顿高中进行了多次互访活动，华盛顿高中于 2002 年至 2014 年间先后派出 7 批共 78 名师生来访，我校也于 2002 年至 2017 年间派出 6 批共 74

名师生回访美国。访美期间，学校师生全程参加华盛顿高中的教育教学活动，在课堂上与美国师生进行面对面的教育和文化交流活动。美方学校还精心安排了许多参观访问活动，让我们的师生对美国的历史文化与发展现状有了一定的了解。

当华盛顿高中师生来访时，我校精心安排活动日程，由学校项目活动领导小组负责活动的组织与实施。活动内容丰富，形式多样，得到了来访的华盛顿高中师生的一致称赞。2010年4月，华盛顿高中凭借郜喜儿老师在该校开设的学习中文的课堂，入选美国首批20所孔子课堂，到华盛顿参加第三届全美中文大会，而我校作为伙伴学校也受邀派代表前往美国参加大会，并在会上作经验交流。

3.交往记录。

（1）以下是北海中学2002年10月赴美国华盛顿高中交流的新闻报道。

广西北海市11名师生赴美交流

2002年10月30日　记者：梁思奇　来源：新华网

新华网北海10月30日专电　9名学生和他们的两名带队老师今天从广西北海启程前往美国，他们作为"中美青年交流计划"活动的使者，将在美国俄克拉荷马州塔尔萨市进行为期30天的文化教育交流活动。

据悉，这些来自中国普通家庭的孩子将入住美国中学生的家里，与主人共同相处。一位学生说，虽然没有见过面，但他们与各自的接待家庭成员已经"十分熟悉"，双方已通过互联网用英语交流了一段时间。

这次赴美的9名学生是北海中学的高中生，他们是通过公开方式选拔出来的。据介绍，入选的学生不仅学习成绩名列前茅，能说流利的英语，而且在中国传统的琴棋书画和音乐舞蹈方面各有特长。

据悉，中国有23个省市的78所中学申请参加此项活动，7所中学首批获得批准。北海中学是广西壮族自治区唯一入选的中学。

（2）以下为美国华盛顿高中 2014 年 12 月来北海中学交流的新闻报道。

"洋学生"体验中国文化
华盛顿高中 14 名师生来北海交流半月

记者：方晓淦　来源：北海晚报

日前，记者从北海中学了解到，前来交流学习的 14 名美国师生已经抵达北海并开始为期半个月的中国生活。

据悉，中美青少年文化交流活动始于 2001 年，北海中学是全国入选该项目的 25 所中学之一，并且是首批进行交流的 7 所中学之一，也是广西区唯一一所入选该项目的中学。2002 年 6 月，美国塔尔萨市华盛顿高中的邬喜儿老师首次带领学生来到北海中学开展交流活动，而北中也在同年 11 月由 2 位老师带领 9 个学生进行回访。

此次前来交流的学生是华盛顿高中的第 8 批交流生，由 11 名学生和 3 名老师组成。据北中办公室主任阳云介绍，美国学生来到北海后由学生家庭接待，美国老师则由北中老师接待，分别住在接待人的家中。"我们要求学生一方面要尊重美国孩子的生活习俗，另一方面也要让他们更多地体验北海当地的文化和生活习惯。

近日，记者见到了正在本地学生陪伴下逛老街的美国学生 Bryan。虽然只有 16 岁，Bryan 却有着 192cm 的高大身材，高大帅气的他走在老街上"回头率"很高。Bryan 对古色古香的老街非常感兴趣，他通过翻译告诉记者，自己非常喜欢北海的海，跟美国加利福尼亚的海相比，北海的海更加平静，让人心情舒畅；他对北海的老街很感兴趣，因为老街很有"中国的东方味道"。此外，Bryan 还爱上了北海的海鲜。

"我是中文班的学生，我希望在这半个月里能多体验中国文化，这是一种神奇的文化。也感谢北海中学的老师和学生，他们为我提供了非常好的生活和学习环境。"Bryan 说。

据了解，华盛顿高中的师生将于 12 月 13 日启程回国，北中也将于明年选拔一批学生前往美国华盛顿高中进行回访交流学习。

（二）中日友好交流

1.交往由来。

中日两国，地理相近，文化相通，两千多年的友好交往，在两国人民之间培育了源远流长的深厚友谊。中日两国的青少年开展广泛的交流，对于中日关系的未来具有十分重要的意义。

北海市与八代市于1996年3月结为国际友好城市，在20多年的交往中，每年有例会，都互派互访。高层有沟通，民间多交流。从政治经济到文化体育，交流活动非常丰富。

2.交往综述。

2006年10月、2009年12月、2015年12月，日本八代市教育代表团师生一行三次访问北海中学，与学校师生一起上课、活动，住家交流，加深了双方对彼此文化、教育和生活等方面的了解，增进了中日青年一代的友谊。

2008年的金秋九月，北海市政府组织北海市教育代表团回访日本八代市。北海中学师生13人，由校长苦佑文带队，前往日本八代市进行了为期9天的友好访问。此次出访的目的是体验不同文化，丰富感受；学他人长处，开阔眼界。

3.交往记录。

（1）以下为2008年9月北海中学赴日本八代市交流后教师的感受。

访日印象
——北海市教育代表团日本访问记（节选）
苦佑文　黄兴荣

2008年9月24日至10月2日，北海市青少年友好代表团师生一行14人（苦佑文校长为团长，随队教师1人，随队翻译1人；学生11人，其中男生4人、女生7人，均为北海中学学生）在团长苦佑文校长的带领下，前往友好城市——日本国熊本县的八代市进行文化交流活动。

八代市政府方面对本次交流活动非常重视，接待规格很高，八代市市长、议长及所有高级官员会见了代表团。在短短的 9 天时间里，我们参加了由日本八代市政府精心组织的多项活动：参观八代市政府、市议会、市役所（相当于政府办证大厅），向八代图书馆赠书并参观了八代图书馆，参加了中日中学生的交流和日本政府官员联欢会；到八代高中和八代二中，与学生一同上课，体验日本初高中学生的校园学习生活；宿住日本学生家庭，零距离接触日本人民体验日本普通市民的家庭生活；参观阿苏山活火山、游览八代市貌及风景名胜，领略日本的美丽风光；考察了著名企业 YKK 九州厂现代化的铝合金制作流程，参观了由原料到成品一条龙的塑料薄膜制作的机械化流程，切身感受日本的实用科技带给国民的实惠；代表团成员留心观察，认真记录、思考，日本在环境保护、管理秩序、社会治安以及国民的高素质等方面，给代表团留下深刻的印象。

日本的高速公路相对广西而言，显得窄小些，交通状况却好得很；公路上车很多却很安静，路旁的消音墙设置更让两旁的居民免除了噪声的干扰，真正体现了以人为本的理念。

日本从政府到国民，似乎已经形成了保护环境的共识，并自觉践行，形成了日本国内生态环保好、自然资源保护佳的格局。八代市的化工厂和造纸术，大烟囱里冒出的白色浓烟，瞬间四散，融进了蓝天白云，映衬出青山绿水的诗意画廊。

八代，是一座如此静谧雅致的城市。

八代街道整洁，市容优美，秩序和谐，给我们一种舒适温暖的感受。风情古朴、安闲、高雅，布局雅致、大气、得体，色调明快、清晰、靓丽；街上行人神态轻松，彬彬有礼，衣着体态端庄，淡雅秀丽，尽显风情。只可惜，街上难得看到穿和族服装的男女，和服店也不多见。

不管在什么地方，都能感觉到房子的小巧特色，包括街上的商店，商品虽琳琅满目却也小而精致。

公共场所的便民设施比比皆是，让我们这些外来者无比惊讶。在日本，不管你到哪个城市，都听不到导游交代"保管好自己的钱包和贵重物品"一类的话。

日本是个非常重视教育的国家，各类学校很多，其中中等和高等（相当于高中）学校教育也是政府重点抓的环节。

日本的校园环境非常优美。校内各种树木被修剪得各具形态，十分漂亮，学生培育的盆栽鲜花整齐地摆放在教学楼前面，学生种植的蔬菜更是葱绿可人。在日本的校园里，无论操场还是小路，均整洁怡人。为了使有限的资源和设施充分发挥作用，连走廊、餐厅、墙角这些地方，在日本的学校里都被充分地利用。

我们深入学校，深入课堂上课，与学生干部交流；课堂上学生非常专注听讲，笔记做得快而工整。日本学生上体育课都穿专门的运动服，都在体育馆里上课，集中听讲和分散活动他们都会很认真按照老师的要求去做。学校里几乎是一尘不染，每一个学生都有一个专门的小布袋，进校就换上自己的拖鞋，校园内看不到追逐打闹的现象。

八代市政府给同学们安排了一天两夜的住家体验。住家的同学们回酒店的时候，酒店大堂里充满了欢笑和祝福，北海和八代的青少年朋友们相聚的时间虽然很短，但是年轻人的心是相通的；虽然生活在不同的国度，但来往可以加深了解，交流可以缩短距离。

离开八代市前夜，同学们在宾馆的房间里举行了"和服秀"摄影和"礼物大比拼"。各式各样的小礼物一件又一件，点心、挂饰、用品、和服，琳琅满目。男男女女，津津有味地叙述着礼物的来历和住家的趣事。或许是同学们相信离别只是暂别，或许前面的迪士尼有着超凡的吸引力，总之，这天夜里，少了几分离别的凄然，多了几分期待的兴奋。想到两年前在北海的分别，中日双方的孩子们都难忍离泪，感觉他们都长大了，更加懂得珍惜拥有，更加懂得朝前看。

我们到八代市的消息在《八代日报》和《熊本日报》上刊登了，看到自己的照片登载在日本的报纸上，同学们都是异常兴奋。而最令我们惊奇不已的是一份自天而降的礼物："筷子衣架"。原来八代有一位从事竹器制作的民间艺人，从报纸上看到中国北海的青少年代表团访问八代的消息，他连夜做了筷子及和服衣架，还将竹筷制作及使用说明工工整整地誊抄出来，我们十四个人人手一份！霎时间，说不清自己是惊诧还是感动。好一位可敬可爱的日本老人！

中国和日本的友好根植在两国人民的内心深处，所有的交流，都能牵出深厚的情谊，演绎出中日友好的美好乐曲，延续和平、合作与共同进步的美好理想。

（2）以下为2015年12月日本八代市百合园高中师生一行来北海中学交流的报道。

日本八代市青少年代表团来北海开展友好访问

2015年12月15日　记者：张潇　来源：北海日报

近日，日本八代市副市长永原辰秋率青少年文化交流代表团一行15人访问北海市，与北海中学、中职校开展为期4天的友好交流活动。

代表团一行先后来到北海中职校、北海中学参观交流，了解北海的教育模式，并与师生开展了学编中国结、交流茶艺、汉服和服展示、同种友谊树等一系列的联谊活动。在交流会上，中日双方的校长和学生都表达了自己的感受并交换了礼物，共同祝愿彼此间的友谊长存。代表团对北海市的精心安排给予高度评价并表示衷心感谢。永原辰秋说，他希望两个城市能继续进行广泛的交流，加深友好合作关系。

八代市青少年代表团向北海市图书馆捐赠了15册图书。据悉，北海市图书馆自1999年以来先后14次接待北海友好城市日本八代市代表团到馆参观访问，累计接受赠书285册，并与八代市图书馆界的人士开展了业务探讨，设立了"日本八代图书角"，成为北海市民了解日本文化的一个窗口。通过这些图书，北海市民了解到八代市悠久的历史、美丽的风光和深厚的文化底蕴。

据了解，1996年北海市与日本八代市正式结为友好城市。此后，两市的友好关系不断发展，文化、教育、新闻、广播、电视、体育、卫生、科学技术等各个领域交流频繁，团组互访不断。此次参观交流活动的开展，进一步加深了中日青少年的友谊。

（三）建立华文教育基地

1. 交往由来。

北海市是广西的重要侨乡之一，又是国家安置印支难民的重要城市。据统计，北海目前有归侨侨眷 8 万多人，其中归侨 1.6 万余人，侨眷 6.5 万人，主要安置在以侨港镇为主的 9 个安置点，少数人根据他们的工作性质安置在市区一些企事业单位和乡镇街道。

祖籍北海的海外华侨、港澳台同胞有 12 万人，分布在 51 个国家和地区。

近年来，经多方努力，积极争取，北海市外事侨务和港澳事务办公室在市辖县区逐步构建了侨务工作平台和窗口，并以这些平台和窗口为载体，有效开展了各类涉侨活动。这些平台和窗口如下：5 个国侨办授予的"侨法宣传角"单位、2 个被自治区侨办授予的"广西华文教育基地"单位、1 个国侨办授予的"全国社区侨务工作明星社区"单位、1 个国侨办授予的"全国社区侨务工作示范单位"和 1 个国侨办授予的"暖侨敬老行动"联系示范点。北海中学就是 2011 年被自治区侨办授予的第一批"广西华文教育基地"单位之一。

2. 交往综述。

北海中学在自治区侨办的关心支持下，在北海市委、市政府的领导下，挖掘、用好教育资源，多途径、多渠道、多层次开展华文教育，传播优秀中华文化，扎实促进与东盟国家的人文交流。为开展海外华文教育、传播中华文化，学校协同市、县区教育部门，选拔政治合格、思想品德高、身体素质好、业务能力强的教师，如北海中学的韩真老师，她作为外派对象之一到泰国、老挝、柬埔寨等东盟国家援教，进一步密切了学校与这些东盟国家教育机构的联系与交往，以实际行动促进了海外华文教育工作，同时，还拓展了海外侨务资源。

3. 交往记录。

以下为 2012 年北海中学华文教育基地揭牌仪式的报道。

广西北海中学成为广西首批"自治区华文教育基地"

2012 年 3 月 15 日 来源：中国华文教育网

近日，广西北海市举行北海中学华文教育基地揭牌仪式，这是北海市首个广西华文教育基地和广西壮族自治区全区首批 14 个华文教育基地之一。

广西壮族自治区侨办文宣处处长蓝胜、调研员甘武军、北海市外侨办副主任程洪、北海市教育局副局长李才能等有关领导和北海中学近两百名师生参加了揭牌仪式。

北海市教育局副局长李才能说，希望北海中学借助华文教育基地这个平台，深入开展对外文化教育交流活动，为推进广西华文教育工作作出积极的贡献。

北海市外侨办副主任程洪对北海中学荣获广西全区首批 14 个华文教育基地之一表示祝贺。他说，近年来，北海市加大"请进来、走出去"的工作力度，积极推进海外华文教育和文化交流工作，先后选派了一批优秀教师赴海外华文学校执行援教任务，邀请海外华裔青少年到北海开展中国寻根之旅夏令营活动，北海中学等学校多次组织师生赴美国、日本、英国和我国香港等国家和地区开展交流活动，尤其是 2011 年，北海市历史大型舞剧《碧海丝路》赴马来西亚和斯里兰卡演出喜获成功，在海内外引起了积极的反响，极大地提升了北海文化软实力和国际影响力。北海中学华文教育基地建立，为北海市开展华文教育工作增添强大动力，必将推进北海开展华文教育工作的发展，为地方经济建设作出新贡献。

广西壮族自治区侨办文宣处处长蓝胜和北海中学党委书记黄聪共同为文化教育基地揭牌。北海中学的学生还表演了古筝、二胡演奏以及汉服设计展示等文艺节目。（广西侨办）

（四）中国寻根之旅

1. 寻根由来。

海外华裔青少年"中国寻根之旅"夏（冬）令营是国务院侨务办公室和中国海外交流协会为帮助广大海外华裔青少年学习中文、了解中国国情和中华文化、促进海内外华裔青少年的交流而在寒暑假期间举办的大型综合性活动，主要内容有学习中国民族舞蹈和中华武术、学习汉语和中华文化常识、与中国青少年学生交流、参观历史文化名胜等。

中国改革开放以来，国务院侨办每年都会同地方侨办通过中国驻外使领馆、海外侨团、华教组织邀请一定数量的华裔青少年来华参加夏（冬）令营活动。活动过程中，各级侨务部门坚持"游教结合、寓教于游、加强协调、热情服务"的工作方针，让广大海外华裔青少年亲眼目睹、亲身感受中华文化的博大精深和中国改革开放的巨大成就。1999年，国务院侨办正式推出了以"中国寻根之旅"为品牌的系列夏（冬）令营活动，受到海外侨胞尤其是华裔青少年的热烈欢迎。迄今，夏（冬）令营已经成功举办了5届。2006年，有来自世界45个国家的华裔青少年和我国港澳台地区的青少年5000余人参加了活动，在海内外引起强烈反响。"中国寻根之旅"夏令营已经成为国务院侨办和中国海外交流协会开展海外华文教育工作的一个知名品牌。

2. 交往综述。

2012年海外华裔青少年"中国寻根之旅"夏令营——美丽广西集结营活动由国务院侨务办公室、中国海外交流协会、广西壮族自治区侨务办公室、广西海外交流协会联合主办，以"体验文化·发现美丽·收获知识"为主题，进行了为期10天的活动，其中一支分营来到北中开展学习交流、参观体验活动。之后的2012年、2013年、2015年、2016年，北中邀请东南亚、美国、新西兰等国家的华裔青少年开展"中国寻根之旅"——相聚美丽北海参加夏令营、冬令营活动，并到北海学习汉语、体验中华优秀文化和北海地方特色文化，与学校学生开展学习联谊交流，参观北海美丽自然风光，体验北海作为中国国家历史文化名城和中国古代海上丝绸之路始发港的深厚文化底蕴，让美国、新西兰、东南亚华裔青少年了解祖（籍）国古代文明历史、优秀中华文化和地方特色文化的魅力，增强海外华裔青少年对祖（籍）国、对"根"的文化认同和自豪感，从而主动继承和弘扬祖辈的光荣传统，从中华民族的历史和文化宝库中汲取精神营养，成为中华文化的热情传播者，培养一批对学校友好的新生力量，促进学校对外交流工作可持续发展。

3. 交往记录。

以下为2013年"中国寻根之旅"夏令营北海营启动的报道。

"中国寻根之旅"夏令营北海营启动

2013年8月06日　来源：北海日报

8月5日上午，海外华裔青少年"中国寻根之旅"夏令营—美丽北海营在北海中学举行开营仪式。在仪式上，我市青少年学生与海外华裔青少年学生进行了联谊交流。

据悉，北海市外事侨务办公室于7月31日至8月9日举办2013年海外华裔青少年"中国寻根之旅"夏令营—美丽北海营活动。此次夏令营有来自老挝寮龚华文学校、老挝寮北华文学校、香港广西同乡会、香港广西印尼归侨联谊会的侨领、老师和学生八十多人参加。活动通过学习汉语及中国历史，激发海外华裔青少年学习汉语的兴趣；通过学习民族舞蹈、民族乐器、书法、中国武术、手工剪纸、陶瓷制作等活动，让海外华裔青少年领略中华文化及地方特色文化的魅力；通过组织考察合浦历史博物馆、汉墓群旧址，展现我国古代海上丝绸之路文化，让海外华裔青少年了解在2000多年前中国广西就与东南亚各国和世界开展商品贸易与友好交往，传递中国人民和平友好、开放包容、共同发展的美好愿望。

在开营仪式上，北海中学同学们表演的诗歌朗诵、四重唱、器乐联奏、舞蹈等节目赢得了海外华裔青少年学生的阵阵喝彩，海外华裔青少年学生表演了舞蹈、架子鼓独奏、跆拳道等节目。（李俊）

三、搭建交流研修平台，促进专业发展

搭建交流研修平台，可以在更大范围内提高教师队伍素质，而且可以促进教师专业发展。学校在和谐教育的办学思想下，为实现教师教学理念和教

学水平的有效提升，学习和借鉴国内外一些先进的教学思想和教学方法，按照"引进来、走出去"的原则加强对教师的培训。

（一）引进来，取长补短，增强技能

为了促进教师专业成长，提高教育教学质量，加强学校教育管理，推动学校发展，多年来，在市教育局的支持下，学校邀请国内名师、名校长、著名教育专家来校探讨教育教学和管理工作。20 世纪 80 年代，学校就曾邀请过当时著名的语文特级教师钱梦龙先生到校讲学，反响巨大。后来，又先后邀请了北师大教授金盛华、华东师大教授霍益萍、中国科学院空间科学与应用研究中心研究员潘厚仁、中国科学院高级工程师钟琪、特级教师李镇西、"教育狂人"陈忠联、北大教授李小凡、中国第一位学校心理健康教育特级教师钟志农、"疯狂英语"创始人李阳等知名教育专家、学者以及高策理、郭涵、冯海军、叶翠微、张志敏等知名校长来校讲学，作专题理论讲座或现场教学指导。

近年来，莅临我校的教育专家有：

2012 年 3 月 24 日，北京四中的方芳老师莅临我校为高二年级学生和家长上了一节"生动的英语课"。

2012 年 3 月 19 日，宁夏银川市实验中学王锦秀校长莅临我校为全体教职员工作题为"与新课程共成长"的报告。

2012 年 5 月 13 日，广西师范大学韦义平博士莅临我校为高三学生作考前心理讲座。

2013 年 8 月 30 日，原北中校长叶翠微莅临我校为教职工作"当今我们如何教育"的专题报告。

2013 年 10 月 15 日，著名教育专家陶西平、田京生、王俊成莅临我校参加北海教育周校长论坛并作专题讲座。

2013 年 11 月 14 日，广西师大罗兴凯教授访问学校，就新课程改革通用技术课程的开设进行了专门指导。

2014 年 10 月 27 日，中国工程院王浚院士来学校讲学。

2014年11月26日，由北海市教育局联合北京师范大学、北京教育学院举办的以"评价引领，促进发展"为主题的第三届北海教育周活动在北中举行，为北中教师搭建了一个理论培训、活动交流、开阔视野的平台。

2015年4月16日，北海第四届教育活动周活动在北中举行，陶西平先生作了题为"数字化时代的课堂教学改革"的专题报告；北京十一学校李希贵校长作了题为"学校转型：发展与唤醒每一位学生"的专题讲座。

2015年5月15日，美国塔尔萨市华盛顿高中校长Coleman女士和邰老师一行两人来到学校参观访问。

2015年10月22日，2015年"航天科技连着你和我——院士专家校园行"活动走进我校，中国工程院龙乐豪院士作题为"中国的火箭与航天"的科普讲座。

2015年11月18日，第五届北海教育周在我校举行，广西师范大学教育科学院院长孙杰远教授作题为"自治区教育'十三五'规划的制定"的主题报告；北京实验二小的李烈校长作题为"为了每一位学生的'最高峰'"的专题讲座。

2015年11月19日，杭州二中名师团队边玉臣、汪坚涛、吴婕、郗圣达等老师到我校以示范课、讲座和座谈的形式与我校教师进行深度交流。

2016年5月27日，原北中校长叶翠微、中国美术学院艺术设计研究院艺术总监林靖等专家团队到校进行调研指导，来自杭州二中的名师团队与我校教师开展了课堂研讨活动。

2016年8月30日，来自重庆市聚奎中学的涂洪亮老师给全校教职工作了"翻转课堂"专题讲座。

2017年4月8日，享有国际盛誉的著名南极学者李占生教授为我校师生奉献了一场激情四溢、启迪身心的演讲。

（二）走出去，拓宽视野，启迪思想

学校在"引进来"的同时，也坚持"走出去"的策略。为了促进教师专业成长，拓宽教师视野，启迪教师思想，推动学校发展，提高教育教学质量。多年来，我校高度重视教师培训工作。每年派出大批骨干教师到发达省份和国内名校观摩、考察、培训学习。建校 91 年来，我校教师的足迹遍布全国大江南北。学校先后派出教师到北京四中、北京 101 中学、北京广渠门中学、上海光明中学、苏州第三中学、清华附中、上海格致中学、杭州二中、广州三中等学校进行中短期的蹲点学习。先后出访过北京八中、青岛二中、山东师大附中、成都武侯实验中学、杜郎口中学、兰州西北师大附中、银川一中、银川唐徕回中、重庆大足中学、衡水中学、长春十一高中、吉林一中、深圳外国语学校、厦门一中、上海七宝中学、上海十中、北京第二十六中、广州五中、深圳实验中学、海南四中、西藏拉萨中学。通过与兄弟友好学校的交流学习，汲取科学的管理经验、先进的教学理念和教学方法，实现教研相长。除此之外，学校还派领导、教师到上海华东师大、上海教育学院、广西师范大学、广西师范学院等高校进行各类国培、区培的长期进修和培训，派外语老师去美国等国家进行长期的学习。无论是短期学习还是长期进修，都使得教师拓宽了思路，吸收了最新的教育资源，了解了专业领域的前沿动态，激活了教学和科研热情，丰富了专业知识，提高了教学技能和业务水平，从而加强教师队伍建设，更好地实现和谐教育的办学思想。

对外交流也遵循着能量守恒的规律，吸收越多，产生精华越多，需要传输的也越多。"它山之石，可以攻玉"，除了走出去，不断吸收先进理念、经验以不断提升之外，我校也在不断地向外传输自己的先进经验、理念，增强学校文化的影响力和辐射力。

苦佑文校长作为广西新课程改革的学校管理项目指导专家，曾赴广西区内多地进行新课改的培训指导，并赴玉林、百色、钦州市作新课改综合实践课程的具体培训。杨迅副校长作为广西新课程改革的学科教学指导专家，曾赴梧州、桂林、玉林市作语文学科新课程改革培训。

杨迅副校长受邀担任上海浦东新区方略教育培训中心"高中语文作业的功能分类与设计"主题入校指导专家；两次赴山东省章丘四中上示范课，作课程建设专题报告；为黑龙江大庆市让胡路区教育局作教师专业成长培训；到广西区内的贵港市中学、崇左市高中、广西师大教育学部为教师作主题讲座；担任广西中学语文优质课评比活动点评专家，分别在桂林、南宁等地赛事作优质课点评。我校全梅山副校长先后赴广西师范大学、广西师范学院、广西民族师范学院等高校及广西区内的贵港高中、贵港江南中学和钦州二中、桂林市荔浦中学、玉林市容县杨梅中学、玉林市田家炳中学等中学校作高中新课程或教育科研、或心理辅导专题讲座。

此外，我校各学科的骨干教师也越来越多地活跃在广西区内以及北海市区，越来越多地引领着北海教育的发展。

多年的实践证明，通过对外交流，请进来，走出去，与全国各地的教育界同仁交流探讨，不断地学习，越来越多的教师具备了广阔的视野、开阔的胸怀。在对外交流的过程中，我们也开阔了学生视野，打造了学校名师，提升了管理实力，加速了学校的发展进程。

结束语

　　抚今追昔，人文蔚兴。伴着北部湾的涛声，穿越近百年的岁月，新一代的北中人站在时光的这头，肃然回眸。

　　我们依稀可见，91年前，那位一身戎装的合浦男儿怀揣振兴乡梓教育的夙愿，在丹桂飘香的八月，在古朴、典雅的图书馆上，目光如炬，久久地凝望这座静谧、安详的校园。这目光，在烽火连天的岁月中，点燃了革命的火种；这眼光，在斑驳简陋的教室里，启牖了心灵的期盼；这眼光，在栉风沐雨中，激励着代代北中人，青蓝相继，薪火传承。

　　我们记忆犹新，91年来，北中人用知识浇灌学生的心智，用人格陶冶学生的心灵。他们秉持"诚、毅、勤、朴"的庄严校训，提炼并发展"和谐教育"的办学理念，树立"追求卓越、敢为人先"的北中精神，打造"和谐、开放、创新"的办学特色，用坚定执着的奋进精神，将生命植根于教育的土壤；他们穿越历史的风雨，紧触时代的脉搏，积极追求，锐意进取，翻奏着永远的青春弦歌。

　　我们放眼当下，北中占地420亩的新校区，面积为老校区教学区的5倍多；校园设计大气而不失雅致，人文与自然相映成趣，给学生身心健康发展提供了广阔的天地，也是目前广西最漂亮的高中校园之一。

　　现在的北中，人才济济，名师荟萃。他们与学习为伍，与研究同行，以事业为荣，以学生为主，用自己的智慧和才华，用自己的青春和生命，用博大无私的挚爱和崇高的责任感，成就无数青年学子精彩纷呈的人生梦想，积淀深厚优良的北中教师文化，为北中整体教学的成功界定了重要标志，奠定了坚实的基础。

现在的北中，桃李芬芳，人才辈出。他们刻苦努力，心智聪颖，德才兼备；他们在知识的海洋中劈波斩浪，为北部湾人才榜增添了一个又一个名字；我们相信，他们今天在学校搭建的平台上尽情绽放玫瑰少年的芳香，明天一定会在社会的广阔天地中成为祖国的栋梁。

现在的北中，立足和谐，开放创新。我们弘扬中华优秀教育文化传统，内联家长、社会力量，外引国际理念、资源，使我们在发展的道路上不断进步。

展望未来，北中将把和谐教育的理念更加发扬光大，步伐紧随"十三五"规划中对教育事业的要求，强化学校自身管理能量，提高教师教育能力，以自信、开放的姿态去迎接前所未有的教育转型发展趋势。

当历史的回响已成绝唱，当岁月的斑驳已成印痕，那些留下的作为精神图腾的绝响，必将拨动一代又一代人的心弦。"俱往矣，数风流人物，还看今朝"，新一代北中人在为学校的成就感到自豪和骄傲的同时，也必将用自己的智慧和汗水为北中书写新的更加美丽的篇章。

图书在版编目（CIP）数据

润泽生命静无声：广西北海中学和谐教育的实践探索／苫佑文等著．—上海：华东师范大学出版社，2018

ISBN 978 - 7 - 5675 - 7510 - 3

Ⅰ.①润 ... Ⅱ.①苫 ... Ⅲ.①中学教育—研究 Ⅳ.① G63

中国版本图书馆 CIP 数据核字（2018）第 041515 号

大夏书系·名校教育探索

润泽生命静无声：广西北海中学和谐教育的实践探索

著　者	苫佑文　曾承炜　杨　迅 等
策划编辑	任红瑚
审读编辑	任媛媛
封面设计	穆　丽

出版发行	华东师范大学出版社
社　　址	上海市中山北路 3663 号　邮编　200062
网　　址	www.ecnupress.com.cn
电　　话	021 - 60821666　行政传真　021 - 62572105
客服电话	021 - 62865537
邮购电话	021 - 62869887　地址　上海市中山北路 3663 号华东师范大学校内先锋路口
网　　店	http: //hdsdcbs.tmall.com

印刷者	北京密兴印刷有限公司
开　本	700×1000　16 开
插　页	1
印　张	15.5
字　数	214 千字
版　次	2018 年 4 月第一版
印　次	2018 年 4 月第一次
印　数	2 000
书　号	ISBN 978 - 7 - 5675 - 7510 - 3/G·10971
定　价	45.00 元

出 版 人	王　焰

（如发现本版图书有印订质量问题，请寄回本社市场部调换或电话 021-62865537 联系）